重設界線

善待自己，畫下恰到好處的界線，
從此人生不再忍耐與疲累

이 선 넘지 말아 줄래요？
나를 지키는 거리두기의 심리학

宋奏沇 송주연——著
黃莞婷——譯

高寶書版集團

目錄
Contents

第2章
和想掌控我人生的他人劃清界線

目錄
Contents

第3章 和干擾我們生活的世界劃清界線

序言　你學過怎麼保護自己嗎？

某個雨後的日子，我帶著小狗恩恩在大樓庭院散步，恩恩正興高采烈地嗅著庭院雨後青草的清新氣味。當時一名穿著登山外套的男人迎面走來，因為路很窄，我收緊了恩恩的牽繩，小心翼翼地避開他，那個人卻開口道：「歐巴桑，幹嘛在大樓養狗？狗要在有院子的地方養，搞什麼在人來人往的地方遛狗，還是回家養小孩吧。」

男人劈頭教訓我一頓，瞬間超過那條線，我很慌張，又鬱悶又氣憤，但我卻說：「對不起。」

說完之後，我急忙掉轉方向，催促恩恩回家。

●那些我沒保護好自己的瞬間，總是浮現在我腦海中

那名男人的言行舉止表現出他對養寵物人士的無禮與敵意，回家後，我氣到不

行，向丈夫和朋友轉述了今天的遭遇，他們安慰我：「一樣米養百樣人」，在丈夫和朋友的安慰下，我逐漸平息了對對方的怒氣。

可是那幾天睡前，我都會想起這件事情。我想到我自己應付不了這樣無禮的人，對於只能啞巴吃黃蓮地說出「對不起」的自己感到無地自容，甚至想起自己其實也曾有過許多次類似的經驗——我總是會先向「侵犯」我的人低頭道歉，說出無數次的「抱歉」、「對不起」。

「為什麼我會習慣性地先道歉？」

這些委屈的回憶讓我輾轉難眠，我更氣自己竟然會因為這種事情而睡不著。因為這件事而睡不著的我開始試著觀察自己的內心，發現了我的內心深處隱藏著「我應該要善良地生活」的想法。從小耳濡目染了「你得替人著想才行」的想法漸漸化為「善良的人不會讓別人不開心」的信念，並且在我的心底扎根。

為了實踐「善良生活」，每當我與他人產生衝突時，我就會為了迎合對方的心情，習慣性先道歉；每當我回想起沒保護好自己的那些時候，我就會對自己感到生氣，甚至將憤怒的情緒發洩在自己身上。從小被灌輸著「人要活得善良」的傳統觀念，讓我沒辦法好好地應對他人的攻擊行為，卻反過來責備自己。

沒學會自我保護的我們

為什麼我沒辦法對超越界線的人說「不」呢？為什麼就算被傷害了也要替他人著想、要善良地活著呢？比起責備那些讓我生氣的人，我為什麼會選擇責備自己？從那天之後，這些疑問就一直在我心中。

後來，我在韓國教育學者李香圭[1]的書《Who Are You》中找到了答案。書中有一句話是這樣的：「很多孩子不知道也沒學過遇到這種事情時，該如何自我保護，這麼說來，我也沒學過。」

就是這個。

我活到現在都沒學過怎麼保護自己，從國小、國中、高中、大學、研究所到博士這二十多年的漫長學習歲月裡，沒人告訴過我該怎麼與折磨我內心的那些傷痛保持距離，我的人際關係也是如此。

時常有人跟我說：「你應該要好聲好氣地對待他人」，卻沒人告訴過我，當有人傷害我的時候，我該怎麼保護自己。我甚至將這個普遍卻幾近偏見的傳統觀念視為理所

1 編註：李香圭（이향규）亦是一名移民支援活動家，有多篇關於脫北青年以及朝鮮教育的研究論文。

當然，把這個不好的社會風氣視為一種讚美。

長久以來，我不知道該如何保護自己，更不知道怎麼和讓我感到疲憊的人事物劃清界線、保持距離。仔細想想，過去十五年來，我見到的來談者[2]們也是如此。人們之所以會來到諮商所尋求方法，就是因為他們被曾經受到的傷害、強迫性念頭、操控性格、社會偏見以及不公平的對待所困住了，讓他們沒辦法保護好自己。

難以置信的是，連我讀博士時上的心理學課程也沒有教這些，讓我覺得我的書都白讀了，於是我靜下心來，再次細讀心理學的相關書籍。這一次，我把焦點放在「保護自己的方法」上，這些已經熟悉的內容帶給我新的感受，原來心理學早已指出，保護精神健康的關鍵在於設立心理界線，和他人保持適當的距離。

許多知名心理學家建議我們要與超過界線的想法保持距離，也提到區分自己與他人的情緒才是成熟大人應有的心態，強調關鍵在於人們需要意識到社會價值觀與偏見對心靈造成的影響，並學會從中保護自己。

一直以來，我們都把重心放在「打好人際關係，融入社會」上，而不是「保護自己」，這或許跟韓國人特別重視自己在團體之中發揮的個人作用與關心他人的態度有

2 編註：即前來諮商的人。

關。不過，把別人看得比自己重要，壓抑自我的獨特性，遵守社會價值觀，反而變成許多人自責、憤怒、憂鬱與不安的根源，這跟我和我的來談者們是一樣的。

本書從我的日常生活與來談者的故事中，找出了「自我保護方法」，站在「保護自我界線」的觀點上，分為三部分：

第一章探討與內心事物劃清界線的方法。「和自己劃清界線」這句話聽起來似乎很怪，但探究其因，我們可以發現，大多的痛苦都是自己造成的。人們無法保護自己的主要原因是我們會不自覺地把自己束縛在過去，所以我們得先瞭解如何與那些事物保持距離。

第二章探討在人際關係中保護自己的方法。人是群居動物，無法離開人群而獨自生活，我們必須活在人際關係中，卻又容易受到不同種關係的影響。在這一章，我找出了那些會影響我們活出自我的人際關係，並與之劃清界線的方法。

第三章談的是人們要如何保護自己不受社會價值觀與偏見的影響。社會文化對我們的生活有著深遠的影響，它們就像空氣一樣融入我們的生活中，讓人難以察覺。在這一章，我重新審視這些社會的刻板印象，並提出活出真實自我的方法。

我在寫這本書的過程中，找到了那個讓我失眠的原因。如果下次又發生類似的情況，我會用慎重、堅決的語氣對那個人說：「我明白您的想法，但是您現在已經越線了。」讓自己不再被對方的話或情緒影響，能夠好好的做自己。

我衷心希望拿起這本書的你，在讀完最後一頁時，也能擺脫束縛，理直氣壯地說出這句話：「**請不要超過這條線，好嗎？**」

本書中的範例皆為真實案例，為保護來談者，已經將姓名、個人資料、個人背景進行調整，針對會讓您覺得「這好像是我的故事」的部分，都已透過電話或電子郵件一一徵詢過當事人的同意，書中僅記錄他們同意公開的部分。

在此，向欣然答應寫出自己故事的當事人們表達深深的謝意。

第 1 章

和阻礙人生的自己
劃清界線

01 像善待別人一樣對待自己

二〇一八年秋天，當時我住在加拿大溫哥華，新環境的一切讓我感到愉悅，有一種正在旅行的感覺，不過當時的我，還是會感到空虛。放棄了國內學業與工作，選擇留在陌生國度的我陷入了迷惘，不知道自己是誰、應該要做什麼。

那天，我邊發呆邊轉開收音機，卻在加拿大新聞頻道聽見這段內容：「I have come to love myself for who I am, for who I was, and who I hope to become.」這是防彈少年團受邀到聯合國總部的部分演說，為了瞭解內容，我立刻在網路上搜尋。

「我開始學會愛現在的我、過去的我，以及我希望成為的我。」

這段描述過去、現在和未來的句子深深打動了我。當時的我很迷茫，但想起以前的我與未來的我，讓我理解到正徘徊於這之間的「現在的我」，是連結過去與未來的珍貴的我。我空虛的心似乎一下子被填滿了，頓時對一路辛苦走來的人生感到滿足。

不僅韓國報導防彈少年團傳遞「請愛自己所有的模樣」的訊息，加拿大媒體也爭相報導，表示這個想法影響了全世界的年輕人，後來這篇演講稿甚至被作為學校教學內容，給了需要建立自我認同感的青少年們強大的力量。

這個想法支撐著我，度過了在加拿大的時間。回國之後，我內心有了社會認同感的使命，便以心理諮商師的身分開始自我探索之路，也很期待與來談者們見面。

雖然人們不可能因為防彈少年團的演講或是幾首歌就輕易找回愛自己的能力，不過因為這樣的想法已經廣為流傳，我在和來談者談論如何「愛自己」時也變得相對容易。從二〇一〇年開始，將近十年的時間，「自尊心」此一主題成了大眾關注的焦點，我相信透過社群網站與 Youtube 推廣「愛自己」的重要性，也對人們產生了正面的影響。

「必須愛自己」的陷阱

在我實際接觸到一些來談者之後，就發現我的想法有些問題。每位來到諮商所的來談者都知道愛自己的重要性，但是「愛自己」也像是一種毒藥，大部分的人會被「我應該要愛自己」的責任感限制住，反而責備自己不懂得愛自己。

他們意志消沉地表示，他們很努力地想要愛自己，想要變成能夠被人所愛的模樣，卻不斷地用「如果我能變得更完美，我好像就能愛自己了」的想法束縛自己，甚至會嚴格要求自己的言行舉止，也特別在意別人的評價與看待自己的目光，一旦得到負面的評價，他們就會感到不安，還會自責：「要愛自己真的好困難」。

顯然很多人都在努力學會愛自己，但奇怪的是，他們付出的努力不但沒有讓自己變得更好，反而讓自己變得更不自在、更不安，有時還會陷入憂鬱。到底為什麼會發生這樣的事情呢？我和他們一起探索內心時，找到了他們的共同問題——距離與界線。

假設，你很親暱地靠近喜歡的朋友或者是你的伴侶，近到你們的鼻子都快要貼在一起了，你覺得會怎麼樣呢？應該會看不清楚對方的臉吧。我們必須慢慢地把臉移動到一定的距離才能看清楚對方的整張臉，倘若再退後一點，就能看見對方的全身，甚至能看見對方站在遠處。只有站在適當的距離看著對方，我們才能完整地認識對方，真正地「看到」對方。

愛一個人就是愛他完整的樣子，也就是說，只有在我們看到對方全部的優、缺點並將優、缺點都當作他的一部分時，才能好好地愛對方。為此，我們必須確保自己站在足以看清整體面貌的界線上，從界線外去看他。如果因為太喜歡對方而過於靠近，你只會看見他的眼睛、鼻子或是臉上的一顆粉刺，搞不好會因為那顆粉刺覺得他很醜，因此而討厭他。

那麼我們是如何看待自己的呢？突如其來的憂慮、當下感受到的情緒、下意識做出來的動作，這些行為表現背後真正的原因並不是站在界線外就能輕易察覺到的。我舉一個更好理解的例子：想像一下，你現在在高速公路上塞車，可是你非常想上廁所。人有三急，內急的時候，不管是對旅行的期待、旅行的目的和計畫，甚至是我的職業是什麼都想不起來了，只會一心想著快點開到休息站解放。塞車只會讓我們陷入生氣的情緒中，讓原本快樂的旅程被「想上洗手間」的念頭（欲望）控制住了，變成一趟煩躁的旅程。

像這樣，當內心產生某種欲望、情緒或憂慮時，無法與它們保持距離的人就會被控制住。那些沒能滿足的欲望、不舒服的情緒占據了「我」，讓我們只能感受到當下的情緒、行動或困境，從而無法感受到完整的自己。只有我們打破與自己的界線時，才能真正的愛自己，才能將自己視為一個完整的整體。

與自己保持距離

很多人到諮商所傾訴自己的煩惱，儘管問題和症狀不同，卻有著許多共通點：「我想好好愛我自己，但我總是做不好，我到底該怎麼辦呢？」

為了愛自己，我們要學會與自己建立適當的界線。當我們心懷信念，與那些折磨自己的過往傷痛以及自己覺得不滿意的行為適當地劃清界線，並站在界線外看自己時，就能看見完整的自己。

只有看見完整的自己，我們才能愛自己。

我想起某位內向的來談者，他傾訴著自己的無力感與憂鬱，說自己只能整天在家意志消沉地看Youtube。某天，他對我說：「昨天朋友打給我，說他自己很沒出息，憂鬱又無精打采，一起床就看Youtube，吃飽了睡，睡飽了吃，這樣一天就過去了。他和我的症狀一模一樣，妳知道我跟他說了什麼嗎？我說：『又撐過了一天，辛苦你了，朋友。』他的情況跟我一模一樣，但是為什麼我就沒辦法對自己說出這種話呢？」

這位來談者和朋友之間存在著適當的界線，所以他能傾聽朋友的情況，理解朋友的心情，瞭解朋友的煩惱，從而鼓勵朋友。因為他不懂得怎麼與自己保持適當的距離，所以只看見了無精打采的自己，不但無法鼓勵自己，反而還嚴格要求自己。

我問這位來談者覺得朋友做了哪些努力，他詳盡描述了朋友的努力，我聽完後反問：「你不也是一樣嗎？」來談者這才看見奮力戰勝憂鬱和無力感的自己。在諮商的最後，這位學會安慰自己並對自己說聲「辛苦你了，朋友」的來談者，慢慢地擺脫了無力感。

當我們學會對待自己就像對待喜歡的朋友、鄰居或尊敬的人一樣，將自己和歷經的問題畫出適當的界線，學會站在界線外、保持一定的距離看自己時，我們才能真正地愛自己。

在這一章中，我會談論如何與過去的傷害、缺點、自己被迫做出的行動或想法劃清界線，學會如何在界線外，保持距離看見自我的方法。只要學會和自己畫下界線，也能幫助我們在與他人的關係裡、社會的偏見與歧視中保護自己，活出真實的自我。

「要愛鄰如愛己。」

耶穌傳達的這句話被視為愛的法則，意思是人要先愛己，再愛鄰。奇怪的是，現代人似乎愛別人多於愛己，寬以待人，嚴以律己，用別人的目光評價自己，也按照自己的標準要求自己，誤以為這就是「愛自己」。

在此，我要大膽地推翻這個想法。

真正的愛自己，應該是像愛鄰一樣愛己。

02 擺脫我的內在小孩

智恩今天一臉懊悔地走進諮商所，說：「我又來了。」

智恩在銀行工作時認識了現在的丈夫，結婚並共組了家庭。雖然職場成就感能帶給智恩喜悅，但深愛丈夫與孩子的她更喜歡當妻子和母親，所以智恩在生完小孩後，請了產後育嬰假，產假用完索性退休，專心照顧家人。

智恩對這種生活很滿意，每次提到家人時，她的嘴角就會不自覺地上揚，洋溢著幸福的微笑。不過，令她感到困擾的是，她每個禮拜都會因為一些事情失控好幾次，這次的導火線是丈夫買錯了東西。

智恩當時正在做烤牛肉，發現醬油不夠了，請丈夫幫忙。爽快答應去跑腿的丈夫在路口的超市買了醬油回家，在丈夫拿出醬油的瞬間，智恩突然變臉：「為什麼買這個？你到現在還不知道我用哪個牌子的嗎？為什麼每件事都要我一一告訴你才行？我們一起生活這麼久，起碼要知道我做菜都用哪一牌醬油吧。」

智恩的心情瞬間低落，吃飯吃到一半就沒胃口，原本和睦的週日家庭時光也在這樣的低氣壓中結束，就連六歲的小孩也跟著不開心。

智恩說，自己明明愛著丈夫，對丈夫並沒有什麼不滿，卻很常因為雞毛蒜皮的小事忍不住發脾氣。她對此感到自責，擔心自己的壞脾氣會破壞家庭和諧的氣氛。

也許大家都有過一、兩次和智恩一樣的經驗，會因為一點小事就大發雷霆，發脾氣之後卻悔不當初：「我為什麼要那樣做呢？」其實，每個人都會有這個時候，但智恩的情況顯然特別嚴重，而且導火線經常是丈夫。智恩到底為什麼會做出連自己也無法理解的事呢？

內心深處受傷的內在小孩

根據心理學家約翰．布雷德蕭（John Bradshaw）的理論，這是由我們內心受傷的內在小孩所引起的。人在成長的過程中，不同時期都有需要滿足的心理需求，但這些心理需求不可能完全得到滿足。

有時候，人會經歷心理需求嚴重受挫的時期，個體內心的某些部分若是無法成長，會像受傷的孩子一樣躲起來，如果重要的需求被忽視或受到精神創傷時，我們內心就會留下深深的傷痕。

布雷德蕭把沒有長大成人，活在我們內心深處的孩子稱為「受傷的內在小孩」，即使身體與其他部分都已經長大成人了，但受傷的內在小孩會繼續停留在那個年紀，並躲在心底深處。當遇見無法滿足需求的情況或是讓當事人聯想到曾經遭遇過的精神創傷時，內在小孩就會跳出來凸顯自己的存在。

我和智恩在諮商所一起探索了受傷的內在小孩。智恩的母親是一名長期憂鬱症患者，在懷有智恩之前就與智恩父親夫妻不和，只是因為懷孕的關係，不得不維持婚姻。

儘管作為主要養育者的母親一直陪在智恩身邊，但智恩的母親長期受到憂鬱症的影響，因此忽略了智恩的心情，也沒能幫助智恩滿足情緒上的需求，智恩父親也把全部的精神放在工作上，對智恩的情緒默不關心。智恩的童年從「共生階段」開始——即養育者讀懂自己的心並解決需求的階段，就過得比別人不容易。

關係心理學學家瑪格麗特．瑪勒（Margaret Mahler）主張孩子在出生後約六個月會享受和主養育者（母親）共生的感覺，並以此為基礎，逐漸理解自己與養育者是不同的個體。在這個階段，最重要的是孩子要獲得情緒完全被理解的經驗。當孩子在新生兒時期有了自己的需求被完整滿足的經驗，則會知道他人與我即使是分離的個體，也不會失去對他人的信任，並且能擁有不同的心靈。

智恩沒有被父母理解過的經驗，所以她的內在小孩停留在童年階段。智恩終其一生都渴望有人能理解她，當她遇見丈夫時，她認為「如果是這個人，他一定能理解我所有的想法」。實際上，人們會誤以為我愛的人與我能完全成為一體，這種錯覺在我們戀愛時極其常見，但大多數的情況下，就像孩子會慢慢地從媽媽身邊獨立一樣，我們會意識到對方和我是不同的個體，從而放棄對方會滿足我所有需求這樣不切實際的想法。

智恩當然也清楚這件事，而她長大的「自我」把這件事解讀為：他人的心和我的心不同，他人不會因為理解我的心情而做出我會滿意的行為，可是她內心深處受傷又難過的內在小孩卻不是這樣想的。

含著淚水的內在小孩在每次遇到對方無法完全瞭解自己內心的時候，就會突然流淚、發脾氣，尤其對象是自己深愛、依賴的丈夫時，會讓她更生氣，就像孩子對媽媽發脾氣時，脾氣也會比對任何人還要大一樣。

對渴望丈夫全然理解的智恩來說，不知道自己愛用的醬油品牌會成為導火線，就是因為丈夫的行為讓智恩覺得丈夫對自己漠不關心，這種無意識的想法觸動了智恩的內在小孩，以致於她做出了自己也無法理解的行為。智恩討厭這樣的自己，陷入了不斷自責的循環中，卻忘了自己一直以來也有做得很好的事情。

如何對待受傷的內在小孩

即使我們已經長大成人了，但活在內心深處的小孩就好比臉上突然多了一顆小痘痘會影響美醜一樣，介入我們的日常生活中。我們意識到受傷的內在小孩時，往往會被自己醜惡的面貌嚇到，接著內心會產生自責、不安、憂鬱、恐懼等情緒。我們之所以會產生這些情緒，是因為受傷的內在小孩控制了當下的我們，所以才會出現自己不喜歡以及無法理解的行為。

以智恩為例，她受傷的內在小孩平時很沉默，只在特定情況出現，控制她整個生活。大部分處於憂鬱、無精打采或不安狀態下來諮商所的來談者都會被內在小孩控制，但是近年來市面上出了很多心理學相關書籍，人們已經非常清楚自己現在所經歷的問題根源來自於童年，所以他們來到諮商所都會這麼說：

「我從小到大都很善良、乖巧也很聽爸媽話，但就是因為我的父母只會逼我讀書，結果現在我不知道自己想做什麼。我該怎麼辦？」

「我爸媽從小吵到大，也許是看著他們長大的緣故，我現在去外面跟人打交道，都很怕對方會突然發脾氣，我會小心翼翼地觀察別人的臉色行事，讓我非常不安。」

我們小時候受到的傷害與沒能滿足的需求永遠不會消失，大家也都明白受傷的內在小孩是造成困擾的主因，但請記住一件事：沒有人會在完全滿足需求的情況下成長。負責滿足孩子需求的父母也是人，所以不可能完全滿足孩子的需求。這個世界不可能滿足我們所有的需求，不可能獲得全部的愛，所以每個人都會有受傷的內在小孩。

重要的是，有些人會帶著受傷的內在小孩繼續往前走，有些人卻被過往的傷痛束縛，變得無法愛自己。這兩者之間有什麼差別呢？差別在於我們是否能勇敢地與過去的傷痕或受傷的內在小孩畫上一條適當的界線，並越過界線看待自己。

智恩和我開始尋找能讓她與過去的傷痕劃清界線、讓內在小孩長大的方法，我也希望大家在這一趟旅程中，一起努力照亮各自受傷的內心世界。

03 與過去的傷痛保持距離的方法

要想和過去的傷痛劃清界線，我們首先要做的就是承認內在小孩的存在。我們在前面看過了智恩的童年故事，發現了她的內在小孩源自於小時候沒有被理解的經歷。

在意識到內在小孩的存在後，我們要做的就是幫助那個孩子盡情表達悲傷。智恩小時候有想要從父、母親那裡得到卻未能如願的東西，有一部分她能夠向我傾訴，有一部分她說不出口，有一部分甚至她還沒開口，就忍不住哭了出來。

用言語表達藏在內心的欲望很重要，因為只要我們把深藏在內心的事情說出來，就會與之產生距離。我幫助智恩受傷的內在小孩盡情表露悲傷、盡情哭泣，也對她的狀況表達同理心：「妳一定很累吧，當時的妳也只能那麼做。」智恩透過這樣的方法，挖掘出內心小孩的傷痛。

在此最重要的是，我們要承認那個受傷、哭泣的小孩所做的一切都是正常的。小時候，我們在處理問題時所選擇的方法或是我們所期望的事，其實只是當下我們必須活下去而做出的選擇，只不過那些方法並不適合已經長大成人的我們罷了。

我告訴智恩，每個人都希望自己不需要開口，對方就能懂我，所以從沒被理解過的小孩才會受傷這麼久。如果受傷的內在小孩能盡情地表露悲傷並得到安慰，他們就會自然而然地準備好如何長大成人。以智恩為例，她慢慢地接受自己不把想法與心情說出口是不會有人理解的，自己的欲望只有自己能夠滿足，丈夫不會變成我小時候需要的父母等等，這些智恩理性上都知道，但知道和願意接受是兩回事。

承認心中曾受傷的內心小孩，才會開始慢慢接受事實，並產生自覺，這時候才能用一個恰當的距離看待我們心中這個受傷的內心小孩。下次如果智恩的丈夫又沒按照她的意思去做，她被激怒時就會意識到自己的內在小孩又出現了。

成爲內在小孩的父母

當有了自覺，我們就能清楚地感受到內在小孩的情緒，擺脫內在小孩的控制，同時清楚地知道它頂多就是在生氣，就能和它保持距離，並在成年的自我與內在小孩之間，創造出一個能觀察並安慰它的恰當距離。到了這個階段，就是「我」成為內心小孩父母的階段了，即讓自己滿足自己的需求，我們就再也不會被欲望與不滿所折磨了。

智恩在諮商所練習了如何與內在小孩說話，每當受傷的內在小孩突然跑出來時，她就會安慰那個小孩：「現在對方不懂妳的心情，妳覺得很過分吧？別人不懂妳的心情是理所當然的，但沒關係，我會理解妳的。」

那麼，我們要怎麼做才能成為內在小孩的好父母呢？要想當小孩的父母，我們就不能繼續當懦弱的孩子，必須成為擁有滿足自我需求能力的人。請回想自己長大成人之後取得的各種成就，把它們列表寫下來，這會有助於你成為內在小孩的好父母。

以智恩為例，她雖然會對丈夫耍賴，但在其他人面前，她條理分明，能明確說出自己想要什麼，也有解決問題能力，更是個完美的妻子與母親。身為母親的智恩，她的自我效能[3]（Self-efficacy）非常強大，因此而產生信心，相信自己能當內在小孩的好父母。

這個過程是需要不斷地練習與激勵自我的，不可能一次就能完成。當然，我們也有可能會因為失敗而感到愧疚，但是只要發現了內在小孩的存在，並學會與內在小孩保持距離，這就是進步的開始。

智恩在六個月的諮商期間逐漸產生變化，在諮商結束時，她說：「昨天丈夫買了冰

3 編註：自我效能指一個人運用自己的力量，相信自己可以達成特定目標的程度。

淇淋回家，卻沒買我想吃的東西，我又不小心發脾氣了。但我在內心告訴自己：『妳是不是覺得丈夫不理解妳的心情，所以很難過？但是沒關係，我可以理解。』我告訴自己這句話之後就不生氣了，我為自己感到驕傲。」

●和內在小孩保持距離

當我們不由自主地陷入憂鬱與無力感、因為莫名不安而焦躁、憤怒不知不覺地湧上心頭時，這些都是被內在小孩控制的表現，而這種情況不是只有智恩會有的。如果每次內在小孩抱怨「每次我都無能為力」、「父母都不愛我」時，我們就陷入憂鬱與無力感，那麼長大成人後的我們，便不可能活出完整的自我。

想要活出完整的自我，我們就要和內在小孩保持距離才行。重要的是，受傷的內在小孩是不會消失的。過去是我們人生的一段經歷，我們可以選擇活在過去的傷痛之中，也可以為了完整的自我而與他們保持距離。

德國心理治療師德米・查爾夫（Dami Charf）著作《舊傷也能癒合》（Auch alte Wunden können heilen）這樣解釋：「斷過一次的腿在傷口癒合之後，絕對不可能保持著毫無損傷的狀態，X光還是會看見骨頭斷裂的痕跡，並會留下一輩子。但如果好好治療，要跑步不是問題，而且腿還會變得更加強壯。」

過去的傷痕已經無法彌補，如果我們無視這個傷痕，內在小孩就會躲得越深，甚至會在未來的某一刻突然出現，再次打亂你的生活。一旦我們接受了內在小孩的存在並學會當內在小孩的父母，療癒受傷的內在小孩，我們就能讓傷痕變淺，獲得慰藉與成長。

當身邊朋友心情不好的時候，我們總會去瞭解他為何心情不好並安慰他，奇怪的是，當自己感到疲憊時，我們不但不會問自己原因也不會安慰自己，反而會責怪自己。從現在開始，就像對待朋友一樣對待自己吧！留心觀察自己的內在小孩什麼時候會想耍賴，是在無聊、害怕或者是沒得到肯定的時候嗎？只要掌握了內在小孩會感到痛苦的時候，就能有備無患，在事情發生的當下好好地安慰內在小孩。

你也可以試著每天睡前抽出一點時間，靜下心來問問自己：「今天的心情如何？有沒有什麼事傷害了自己的心？」如果可以，你也可以試著將心情記錄下來，這個方法可以幫助你與情緒保持距離。一開始雖然很難，但只要每天試著用言語表達我們的情緒與心情，我們便能從被負面情緒淹沒的狀態中脫身，不再被過去的傷痛所束縛，也不被內在小孩所影響，感受到完整的自我。

04 擺脫傷痛，找回真正的自我

躲在我們心裡的內在小孩其實偶爾才會出現，可是一旦他出現了，就會控制著成為大人的我們的生活。在成長過程中，時常受到傷害、被父母置之不理、被父母傷害過的人更容易受到內在小孩的影響，即使他們的身體已經長大了，內心還是會停留在小時候。他們將無法以成人的模樣生活，而是以害怕、恐懼與悲傷的內在小孩的樣子生活著。

二〇二〇年，由韓國演員金秀賢、徐睿知、吳正世等人主演的人氣電視劇《雖然是精神病但沒關係》，劇中主角們的生活都被幼年時期那曾經受傷的內在小孩所支配：無法控制自身衝動的人氣童話作家高文英、奉獻一生照顧自閉症哥哥的文鋼太、目睹母親被殺害而恐懼蝴蝶的文尚泰。該劇描述主角們在敞開心房的過程中遇見了受傷的內在小孩，他們學會擺脫內在小孩的控制，並學會如何治癒自己的內在小孩，完成了尋找真正自我的旅程。

擺脫虛偽自我的文英

女主角文英的母親是一名精神病患者，她認為文英是自己的「作品」，從文英小時候便不在乎她的感受、想法、意願等，自顧自地以自己的需求（欲望）去控制文英，只有文英依照她的要求去做時，才會認可文英，甚至為了滿足自己，殺人也在所不惜。

文英兒時被關在離村莊很遙遠的樹林城堡中，她非常依賴媽媽，在恐懼與被媽媽壓制得喘不過氣的同時，她內化了媽媽的想法，即使感到害怕與恐懼，她卻仍遵循「只有變得強大才能活下去，只要夠強大，就算殘酷也沒關係」的想法生活。

客體關係理論（Object Relations Theory）學者唐納德・溫尼科特（Donald Winnicott）主張，當養育者專注在自我身上，並把自己的感受強加給孩子時，孩子會發展出「假我（False self）」，即孩子會隱藏真正的自我——「真我（True self）」，按照養育者的要求生活。

心懷恐懼的文英接收母親強加的想法，受到內在小孩的控制，而長期支配文英的內在小孩則成為文英的假我。每當她想展示柔弱細膩的自我時，就會聽見媽媽說「我愛妳，我的女兒，妳就是我」，內在小孩就會讓她再次回到小時候被媽媽控制的時候。

溫尼科特指出，要恢復真我需要「擁抱的環境」，當我們創造出一個能反映與尊重小時候沒能調整好的情緒環境時，我們就能放下虛假自我，得到真正的復原。

鋼太出現在這樣的文英身邊，而被稱為文英的「保險梢」（Safety pin）的鋼太則替供了文英「擁抱的環境」。鋼太在電視劇一開始就教文英如何冷靜，問文英「妳現在心情怎麼樣」，幫助文英識別情緒，而鋼太的提問便成了文英觀察內心世界的契機。

從那之後，每當文英表現出真實自我（脆弱、渴望被照顧的真我）時，鋼太都會給予回應；當文英被母親的聲音折磨時，鋼太也會擁抱她、喚醒她，而鋼太的這些行為也安撫了文英感到恐懼的內在小孩。

在鋼太與文英的初吻戲中，年幼的文英突然現身，這意味著在文英心中，她把媽媽的聲音內化成恐懼、顫抖的內在小孩，透過她與鋼太的戀愛關係而得到治癒。獲得安慰的內在小孩擺脫了恐懼，讓文英意識到自己不再是個孩子，沒有媽媽也能獨立生活，而她的身邊也有新的家人——鋼太和尚泰。文英意識到自己身為成年人的力量，透過看過去不敢看的全家福照，來區分過去受到情緒虐待與現在的生活已經不同了。

在該劇的結尾，文英對又想左右自己的媽媽說：「我也差點變成像媽媽一樣的惡鬼，幸好我沒有變成那樣……我和媽媽不一樣」，明確地劃清界線，選擇和自己現在心愛的人在一起。

擺脫束縛框架的鋼太

成為文英保險梢的鋼太從小就獨自承擔照顧自閉症兄長的壓力，他牢記媽媽的話：「媽媽生你，就是希望你照顧哥哥」，在母親過世後，他也沒忘記這句話。鋼太把自己囚禁在「我是照顧者」的框架中，以聽從媽媽指示的內在小孩姿態生活著，而鋼太的職業「護工」也反映了這件事情。

鋼太把長大的哥哥當成小孩照顧，因此也無法做自己想做的事。對壓抑自我欲望的鋼太來說，能夠隨心所欲、自由表達的文英很不一樣，甚至是一種巨大的刺激。鋼太在與文英相處的過程中，逐漸理解了自己的欲望。在電視劇中半段時，鋼太被捲入暴力事件，不得不離開醫院，那時的他並沒有氣餒，反而笑著走到文英面前說：「我想要，跟妳一起去玩，就是現在」，這個橋段可以視為鋼太意識到了自己必須和聽話的善良內在小孩劃清界線，發現真我而感到欣喜的表現。

鋼太就這樣和內在小孩劃清界線，擺脫掩埋自我的過去，並想起與媽媽的新回憶，這才明白雖然媽媽要自己照顧哥哥，但媽媽一樣很愛自己，鋼太也因此學會站在更客觀的視角看待過去，最後他把哥哥當作「比我年長的哥哥」，而不是「需要我照顧的孩子」來對待。

活在當下的鋼太在危機時刻選擇了現在，而不是過去。當他發現文英的母親是殺了母親的凶手時，不可避免地感到痛苦，但是後來他告訴文英的話，等於作出了區分過去與現在的結論：「妳和妳媽媽不一樣，我死也不會離開妳。對我來說，妳就是我從小喜歡的高文英。」

鋼太劃清文英與文英母親之間的界線，區分了過去與現在，選擇當下最珍貴的人，並擺脫作為護工的義務，開始尋找自己想要的人生，這可以視為鋼太決定不再聽任受傷內在小孩擺布的表現。

克服心理創傷的尚泰

另一方面，鋼太的哥哥尚泰是被蝴蝶所束縛的角色。在尚泰目睹母親被殺的場面之後，他被衣服別著蝴蝶胸針的殺人犯威脅：「我也會殺了你」，從那之後，尚泰便害怕蝴蝶。

尚泰是一名自閉症患者，自閉症患者很難消除這種恐懼，所以他長期受到惡夢折磨。換言之，尚泰的身體雖然長大，心仍被過去束縛。在這種情況下，尚泰之所以能鼓起勇氣，都是多虧了文英。

文英一開始就不把尚泰當成小孩子對待，不會像鋼太一樣事事順著尚泰，會和尚泰吵架，以對待一般人的態度對待尚泰。文英的這種態度幫助了尚泰，心理狀態也逐漸變得成熟，而弟弟鋼太對尚泰發脾氣更是關鍵性時刻：當鋼太不再把尚泰當成小孩看待，而是當成哥哥對待時，尚泰便成為了真正的大人。

尚泰也因此有了改變，他不再把鋼太當成所有物，一改「鋼太是我的」的態度，搖身一變成了會幫鋼太買飯、給鋼太零用錢和適當建議的可靠哥哥，並鼓起勇氣不再逃避蝴蝶。

在劇中，親切的醫院院長說：「蝴蝶在古希臘語中是賽姬（Psyche），你知道賽姬是什麼意思嗎？是治癒的意思。這世上比起可怕的蝴蝶，有更多象徵治癒的好蝴蝶。」尚泰便把這句話牢記在心中。

尚泰在那之後的狀態展現出克服精神創傷的典型過程，他能慢慢地畫出蝴蝶，代表他逐漸能夠接受這些傷痛，最後他甚至在素描本上畫出了他曾經感到恐懼的變種蝴蝶，也就是說，他已經能站在遠處，看著已經被埋沒的傷痛了。擺脫內在小孩控制的尚泰在關鍵時刻拯救了文英與鋼太，也察覺到自己想當插畫家的欲望，為了實現夢想，尚泰宣布要獨立自主。

與過去劃清界線，選擇現在

就像這樣，這部電視劇三名主角一直受到受傷的內在小孩控制，但互相成為彼此的光、成為彼此的保險梢，從成人的角度眺望過去的傷痛，認知到自己不再是小孩，而是能靠自己力量生活的大人，並選擇與過去劃清界線，選擇當下珍貴的東西，三人都變得幸福。

現實中也是如此，只有長大成人的我意識到現在的我和軟弱童年的我是不同的，能夠擁抱受傷的內在小孩，才能真正過著成年人的生活。

如果沒有像電視劇中那樣，有一個能成為保險梢的戀人該怎麼辦？保險梢不一定是戀人，也可以是朋友、師長、信任的宗教聖職人員，只要是能讓你表現出真實自我的人都可以是保險梢，甚至是在書中令你印象深刻的某一句話，電影中的某一個畫面都可以。

其實，最好的方法是讓自己成為自己的保險梢。如果我們能接受自己、鼓勵自己，自己給自己小時候父母沒有給我們的東西，那麼不管在什麼情況下，我們都能選擇幸福。到那時候，那些曾經無法抹去的傷痛——讓你無法向前的絆腳石，就會變成你人生的墊腳石。

保護自我的第一步，就是與過往的傷痛劃清界線。請鼓起勇氣，越過界線看看過去的自己吧！在這個過程中，你可以一個人，也可以和你信賴的人一起完成，無論如何，你一定能從中獲得力量。

05 不可能所有事情都是完美的

大家聽過「普洛克路斯忒斯之床」嗎？普洛克路斯忒斯（Procrustes）是希臘羅馬神話中的人物，是生活在雅典郊區河畔的搶匪。普洛克路斯忒斯會把路人強行擄到家裡，讓路人躺在鐵床上，如果路人身高比鐵床短，他就抓住他們的腿，把他們拉長；如果路人比鐵床長，他就鋸斷他們的腿。

其實，鐵床的長度是可以任意調整的，但是誰也猜不透床的長度，所以最後每個人都被殺死了。在神話中出現了「普洛克路斯忒斯之床」一詞，意味著某人用固執且跋扈的態度勉強別人迎合自己單方面制定的標準。

過去的傷痛就好比普洛克路斯忒斯之床，讓我們無法隨心所欲地做自己。如果說，普洛克路斯忒斯是在向他人行使殘酷的暴力，那麼活在現代的許多人們也都是以這樣的暴力方式對待自己：當我們對自己提出一個完美標準，而我們也成功完成這個目標時，我們才會覺得自己成為一個真正的完人。

但是在現實生活中，沒有人是完美的，我們沒辦法跟普洛克路斯忒斯的鐵床一樣，按照完美的標準「截短」或「拉長」自己，這麼做反而會失去自我，所以我們必須學習如何與自己內心的那張「普洛克路斯忒斯之床」畫上界線。

「只要努力就能變得完美」的信念

多動是個成績優異的醫學生，他相信只要設定好目標，並朝著這個方向努力就能迎接更好的未來，然而這樣的他，卻有掉髮的症狀。他來到諮商所吐露苦衷，說自從開始掉髮，就覺得好像有人在盯著他看，也因此無法在學業上集中注意力。

多動身穿休閒夾克與幹練短靴走進諮商所時，給人一種乾淨俐落的印象，看起來也相當重視服裝儀容。在我們第一次見面時，他說他畫了能自我介紹的概念圖，並給我看了那張圖。

在那張圖上，他把自己分成知識、環境、身體與人際關係等各方面，除了身體部分，其他的他都很滿意：他在學業成績與知識領域上都很優秀，交友廣闊，人際關係也不錯，父母也給了他很好的環境，醫學系畢業後，前途無限。

多動最不滿意自己的身高，在高中時，他發現自己停止長高後，有一陣子非常鬱卒，這個困擾也讓他備感壓力。他相信努力就能長高，於是他每天凌晨起床跳繩，吃了聽說有助於長高的中藥，但是都沒效。

他說，直到現在也還是無法放棄長高的可能性。醫學系學業繁重，但為了長高，他可以每天早起運動；為了讓自己看起來高一點，還在鞋子裡面放了增高墊，可想而知遺傳性掉髮對多動的衝擊有多大。身高已經讓他不甚滿意了，竟然還掉髮，多動實在無法接受這個情況。

為什麼多動會認為身體條件是缺陷呢？多動的父母一直很支持他，並且相信「只要努力，沒什麼事是做不到的」，多動也在不知不覺中把父母的信念內化，努力學習，用心經營人際關係，而他付出的努力大多獲得成功，造就了現在的他。

他相信，只要努力就能完美掌控人生，只要努力就能變得更帥，只要努力就能長高，只要努力就能克服遺傳性掉髮。然而，長大成人後，他已經停止長高，也對遺傳性掉髮束手無策。

多動是比任何人更瞭解人體、生物學與遺傳條件的醫學生，但他仍然無法接受先天身體受遺傳限制的事實。個子不高與不完美的外貌讓他感到自卑，擔心別人會不會用異樣的眼光看待自己。

在圖書館讀書的時候，如果有人看他，他就會覺得「那個人一定是在嘲笑我頭髮少」。因為這些擔憂，多動上次考試雖然依舊名列前茅，但成績跟之前相比，卻有所下滑。多動覺得現在連讀書的優點都沒了，害怕自己努力讀書也考不到好成績，導致他無法專心在學業上，也因此對自己感到失望，很難接受變成這樣的自己。

● 完美主義導致的自我責備泥沼

多動的狀況是想努力成為完美的自己，反而失去真實自我的經典案例。完美主義者多動想成為更好的自己，卻不知道如何接受自己的缺點、先天條件與局限性。比起接受自己被賦予的身體條件，他更想改善這些條件，他甚至把媒體灌輸的標準視為完美，認為只有變得像演員朴敘俊一樣才是完美的自己。

但是，「完美」是真的存在的嗎？

我們可以從多動的身上看見，完美主義者的特徵之一就是執著成果與目標。心理學家把目標大致分成「績效目標（Performance goal）」與「精熟目標（Mastery goal）」兩類。績效目標的目的是展現執行的結果，追求績效目標的人追求表面上看起來不錯的成果，不管達到目標的過程有多麼痛苦，他們也會因為在意別人的目光而忍耐。

相反地，追求精熟目標的人不在乎別人的目光也不在乎眼前的結果如何，他們更重視自己快不快樂，能不能從中獲得成長。重視精熟目標的人不會因為結果或失誤而慌張，而是從過程中獲得樂趣。由此可知，多動重視外表、成績等外在因素，在意他人目光，是典型的追求績效目標者。

完美主義者會有強烈的「我應該這麼做」的想法，他們相信自己一定能達到目標，如果沒有達到自己設定的標準會讓他們不安，又會因為不安而轉變成焦慮，最後會對自己說「我不能繼續這樣下去了」，用「我不能動搖決心」的想法嚴格要求自己，加深了心理困境。

在認知行為療法裡，拒絕「應該這麼做」的想法過程中，若是產生了心理混亂，就稱為「二次混亂」。多動雖然用功讀書，但因為無法集中注意力讀書而漸漸感到不安，結果導致再也無法專心念書的惡性循環，也讓多動更加疲憊。

《非暴力溝通》的作者馬歇爾．盧森堡（Marshall Rosenberg）認為，完美主義者自我逼迫的行為本身就是一種暴力。多動相信，努力成為更完美的人就是愛自己的表現，但是他的行為無異於是把自己放在普洛克路斯忒斯之床上，把自己截短、拉長，讓自己痛苦。在這樣的情況下，多動會漸漸陷入自我責備的泥沼之中，最後就會看不到自己的優點了。

難以察覺的完美主義弊端

其實，像多勳這樣的完美主義者會願意前來諮商的情況非常少見，這似乎與社會風氣有著密切的關係。韓國社會喜歡讚美刻苦鍛鍊的自己，雖然達到高標準的過程非常痛苦，但人們普遍認為目標設定得高、夢想得遠大才是好事。

就算沒多勳這麼誇張，大家可能也都曾對不夠努力的自己感到失望，例如稍微胖一點就責備自己不自制，考試考砸了就怪自己不用功。競爭與追求完美的態度讓自己無法愛自己，甚至無法接納自己的人不在少數，但是社會卻極為認同這樣的行為，並認為這才是積極的象徵。所以，每個具有完美主義傾向的人終其一生都認為完美主義是件好事，直到像多勳一樣，日常生活遇到困難之後才會來諮商。

完美主義者要擺脫自我責備的唯一方法就是與完美主義劃清界線，接受真實的自我。可是，在韓國這種讚揚完美主義的社會風氣中，要接受自己的不完美並不是一件容易的事情。

許多心理學家一直以來都在研究關於完美主義的「副作用」，也希望能協助完美主義者走出完美主義的陷阱，但一直都找不到恰當的解決方法。不過近年已經有心理學家發現了方法，那就是讓這些完美主義者學習如何與對自己嚴格、要求完美的「自我責備」劃上界線，這個行為稱為「自我關懷（Self-compassion）」，又稱為「自我慈悲」。

我把自我慈悲的概念告訴了多動，並決定透過自我慈悲的鏡子，一探多動的真實內心。

06 與害怕局限的內心劃清界線

「神啊，請賜給我寧靜，以平靜來接受我不能改變的一切；請賜給我勇氣，去改變我能改變的一切；請賜給我智慧，去區分兩者的不同。」

——神學家雷茵霍爾德．尼布爾（Reinhold Niebuhr）

這篇讓我感觸很深、帶給我心裡平靜的祈禱文，反映出了想要活出真實自我的必要條件——學會接受既定的限制與條件，且能區分什麼是我們要敞開心胸去接納的事物、什麼是能依照我們意願去改變的事物。但是，在讚美完美主義的現代社會中，很多人無法清楚區分這兩者的不同，也就欠缺了接受無法改變事物的平靜心態，而能幫助我們擺脫這種恐懼的是「自我慈悲[4]」。

4 編註：自我慈悲又稱自我關懷。本書中，作者選用了學術研究文獻經常使用的詞「自我慈悲」來稱呼。

自我慈悲是由美國心理學家克莉絲汀・娜芙（Kristin Neff）所提出，指的是當我們處於痛苦、挫折、困境等消極狀態時，我們不會逃避痛苦，反而能保持「慈悲」的心態寬容地包容自己，即「寬以待己」。

韓國學者金秀彬、鄭英珠與鄭英淑的合著論文《慈悲與韓國人的心理：韓國國內研究心理分析》中，提到克莉絲汀・娜芙對自我慈悲的定義是：「每個人都不是完美的，人是具有脆弱性的，並且會經歷失敗，不要把缺陷與痛苦怪罪在自己的正念（Mindfulness）態度上。」

有些人會誤以為自我慈悲跟「自尊心」很類似，其實兩者是有差別的。自尊心是透過對自己的正向評價來認同自己是個不錯的人，所以這個的前提是「尊重自己」，但是當自己的努力不如預期時，就會產生「失望」的心理。

我認為，有這麼多人用嚴以律己的態度來愛自己，就是受到自尊心的影響。尤其是具有完美主義傾向的人，他們會拿更高標準來評價自己，所以會比別人更加努力，但是越努力，自尊心就會越低落，如此一來就更容易引發心理問題。

多動一直努力地想讓自己變得更好，卻將自尊心建立在完美之上，認為只有完美的自己才有被人尊重的價值，但越是這麼想，就越容易感到不安和疲憊。可是「自我慈悲」不同，它代表著用溫柔跟包容的心態對待自己，全然接納真實的自我。

多動在諮商所學會了放下自尊，練習實踐自我慈悲的方法，其中實現自我慈悲的三要素如下：

1. 學會善待自己。
2. 理解人類生而普通。
3. 保持正念的態度。

一、學會善待自己

在工作應酬、社交場合或是照顧他人時，我們會努力地對他人表達善意，卻不會用這樣的態度對待自己。這裡所說的善意指的是詢問對方的需求，為滿足對方的需求而努力，哪怕當下無法滿足對方，也能理解對方為什麼會有那樣的需求。

試著想像一下，好朋友花了許多時間準備考試，卻沒得到預期的成果，朋友可能會產生自暴自棄的念頭：「我真是個一事無成的笨蛋。」你會對朋友產生同情心，並盡力地用親切的態度鼓勵、安慰朋友：「我知道你真的很想拿到好成績，但機會不是只有一次，考試也不是人生的全部，下次再努力吧！」相反地，我們自己努力備考卻不及格時，卻只會急於責備自己：「你這個傻瓜，怎麼考得這麼爛？」

自我慈悲就是要停止這種自我責備的想法，與其指責自己，讓自己陷入疲憊、難受又生氣的情緒之中，不如用親切、溫柔的語氣問問自己：「我現在需要的是什麼？」馬歇爾・盧森堡在《非暴力溝通》裡提到：「當你責備自己時，代表你不知道自己的需求是什麼。」盧森堡建議，在這種時候要停下自我責備的想法，並問自己：「我還沒滿足的欲望是什麼？」透過提問來建立情緒與想法之間的距離，並將責備轉為善意。

在諮商的過程中，多動也在慢慢練習如何善待自己。當他想指責自己「我就是因為長得不夠高還禿頭，所以才一事無成」時，應該及時察覺自己的需求，並告訴自己：「我只是想長高，想要變得更帥。」雖然多動一開始不太習慣，但隨著每個禮拜的練習，他的自責頻率也逐漸降低了。

當時我問他，如果他的好朋友和他有了相同的煩惱，也因此感到痛苦時，他會對朋友說什麼，他說：「我會告訴他，你雖然長得不高，但你是一個很值得結交的好朋友。」而這也正是多動需要告訴自己的話。當下，他說他還沒辦法這樣告訴自己，並反問我：「對自己寬容不就是同情自己嗎？要是我同情自己，我怎麼可能會進步？」

二、理解人類生而普通

我知道，可能很多人都會跟多動有一樣的疑惑。根據克莉絲汀・娜芙的說法，當你陷入了「我很可憐」的想法之中時，代表你進入了自我同情的狀態，也會像多動說的一樣，很難有成長空間。可是自我慈悲跟「我很可憐」不同，自我慈悲是接受每個人都會失敗、都會犯錯，也有各自的苦難，並認清這是人生的必經過程，無人得以避免。

以多動為例，首先他要理解「世上無完人」的事實，並且知道他渴望完美的原因是來自於他想獲得他人的肯定，而這也是每個人都會有的欲望，克莉絲汀．娜芙把這種每個人都能接受自己先天的局限性以及必然會經歷痛苦的事實稱之為「人類的共同經驗」。如果我們把苦難理解為人與生俱來便存在的事物，那麼就不會把善意誤解成同情，並且願意接納這件事情，就算我們覺得世界並沒有想像中的那麼美好，也願意努力、認真的生活。

多動經常和我一起觀察身邊的人、電視劇與電影角色、歷史人物的不完美，探討他們的缺點以及脆弱的一面。身為諮商者的我也坦白地告訴他，我也曾經犯過很多的錯，也曾因為渴望獲得別人的肯定而感到不安。透過這樣的對話與探索，多動逐漸領悟到：「不是只有我一個人經歷這些痛苦，原來每個人都懷抱著脆弱生活。」

諮商療程過了一大半後，有一天，多動跟我說：「前幾天我在圖書館讀書，總覺得好像又有人在看我了，讓我沒辦法好好專心，所以我抬頭看看到底是誰在看我，結果我發現，我看見的景象跟以前不一樣了。我忽然理解到：『啊，其實大家都很努力啊，大家都是為了獲得肯定在努力著，也都為生活在努力打拚著。』我突然就覺得那些偷偷看我的人其實也很辛苦，這樣想之後，我的讀書效率就變好了。」

三、保持正念的態度

多動理解到，自己現在正在經歷的痛苦其實都有可能發生在每個人的身上，他也因此學會了用寬容的態度看待自己，在某種程度上擺脫了對「完美」外貌的執著。

每當他不自覺地想要跟他人比較，把自己放入世俗的「框架」之中，腦中又浮現「要是我的外表可以更完美就好了」的想法時，他就會告訴自己「我不應該這樣想」，可是他又陷入了另一個循環：「為什麼我學會了自我慈悲，但還是會產生這樣的想法呢？」這時候，便需要娜芙所說的自我慈悲第三要素——「正念」。

正念指的是以平靜、全然接受的態度來覺察當下的情緒、想法與感受。當我們體會到痛苦時，如果刻意抵抗反而會讓自己更加痛苦，我們可以選擇不抗拒、不逃避，如此一來就能覺察到自己內心真正的想法是什麼。

多動開始在諮商所練習正念冥想，將自己的身心專注在呼吸上，細心體驗當下的感受。此後，每當他又開始責備自己時，他就會覺察到「我現在又在指責自己了」，然後試著感受當下的情緒，不去評判自己。

就這樣過了六個月，多勳跟我說：「您之前問過我，如果我有朋友跟我有相同的煩惱，我會說什麼。我會想告訴他：『你已經很好了，長得矮一點，頭髮少一點又有什麼關係呢？現在的你就很好了。』」

多勳接受了人無法改變先天條件的事實，學會了如何慈悲地對待自己，並把心思放在考試上。在結束諮商後的三個月，多勳來到諮商所，他告訴我，他變得比以前更有自信了，不僅把成績拉回來，跟同學們的感情也變得更好了。我笑著跟他說：「你看起來很『完美』。」

人無完人，我們不是神，不可能盡善盡美，但如果我們能謙虛地接受人類的局限性、接受自己的缺點與弱點，並在此之上發揮自己的優點與所長，我們就能變得完美。

喜悅與悲傷、優點與弱點等所有的想法與感覺，都是構成「自我」的要素，當所有要素融合起來，我們才會成為真正的自己。多勳與完美主義劃清界線，因此變得完美，那樣的他看起來很好，很從容自得。

07 不足也是一種美

如果你覺得實踐自我慈悲有點困難，請試著靜下心來聽聽看這首歌吧。防彈少年團在二〇一八年發表的歌曲〈Epiphany〉，很好地詮釋了如何透過自我慈悲實現如何愛自己。

〈Epiphany〉

真奇怪，我明明很愛你
無論做什麼都配合你，想為你而活
可是我越是這樣，越無法承受我內心的暴風
在笑容的面具之下，顯露出我真實的模樣

I'm the one I should love in this world
我閃耀的光芒，我珍貴的靈魂
我現在才明白，so I love me
I'm the one I should love
即使動搖、即使害怕也會繼續往前走
和隱藏在暴風中那真實的你相遇

為什麼我會想把如此寶貴的自己珍藏起來
到底有什麼好怕，讓我要隱藏真實的自己

I'm the one I should love in this world
我閃耀的光芒，我珍貴的靈魂
我現在才明白，so I love me
就算有不足之處，卻如此美好
I'm the one I should love
可能會有點笨拙和不夠好吧

也許看不見羞澀的光彩

但是這就是真實的我，
是我活到現在的手、腳、心臟與靈魂

我想去愛 in this world
我閃耀的光芒，我珍貴的靈魂
我現在才明白，so I love me
就算有不足之處，卻如此美好

I'm the one I should love
I'm the one I should love
I'm the one I should love

光靠提升自尊心是不夠的

歌詞一開始先拋出疑問，「真奇怪，我明明很愛你，無論做什麼都配合你，可是越是這樣，越無法承受我內心的暴風」。這裡的「你」有很多種代稱，可以是相愛的戀人也可以是追求的價值，不過請先把這裡的「你」當作自己來欣賞歌詞吧。

「我明明很愛自己，想按照我所希望的標準努力生活，但越想這樣，我的心就越累，真奇怪。」

為什麼會這麼說呢？因為這種愛自己的表現，是基於自尊心之上的。當我們符合別人或自己制定的標準時，自尊程度就會提高，不過這些標準往往過於苛刻且無法簡單達成，這樣就會導致我們的自尊程度越來越低，甚至不願意正視自己的弱點與局限性。

自滿於自己優異的表現，卻刻意忽略缺點，最終會讓我們看不清自己的真實面貌。如果把歌詞「在笑容的面具之下，顯露出我真實的模樣」濃縮成一句話，那就是我們對自己的愛只局限於「笑著的自我」，但是從現在開始，我們應該要顯露出自己真實的模樣。

不要對缺點感到自卑

那要怎樣才能真正地愛自己呢？讓人驚訝的是，防彈少年團的這首歌唱出了自我慈悲的核心理念：只有我們照顧並接納自己，如同我們對待感到痛苦的他人一樣，我們才能成為真實的自己。

「我現在才明白，so I love me，就算有不足之處，卻如此美好。」這是敞開心胸，寬容接納自己、親切對待自己的態度。唯有願意面對過去不願意面對的缺點與弱點，認識到擁有這些弱點的我們仍然是美好的，即使害怕、即使徬徨，我們也能獲得繼續往前的力量。

「和隱藏在暴風中那真實的你相遇」可以解釋為只要寬容、親切地對待自己與他人，就能與真實的自我相遇，也能和他人有真實的交流。

專注當下，不輕易判斷

歌曲中的第二段表達的是自我慈悲中的「正念」，即不用評判的態度看待自己與他人，專注在當下的感受。

「為什麼我會想把如此寶貴的自己珍藏起來；到底有什麼好怕，讓我要隱藏真實的自己」，這一段歌詞可以解釋為，我意識到因為過於在意他人目光而評判的自己，因此決定放下被評價的壓力，不用批判的態度看待自己。

當我們正視當下的自我時，歌詞就進入下一階段：「可能會有點笨拙和不夠好，也許看不見羞澀的光彩。但是這就是真實的我。」這段歌詞的涵義是，我不認為我的缺點或害羞的光彩有哪裡不好，因為這就是真實的我，所以我會尊重自己。換句話說，就算在別人眼中不是光彩耀眼的樣子，看起來很笨拙也有很多不足的地方，但我不會再評價自己了。

其實，在現在這種隨時會對人評頭論足的現實世界中，要不受他人的影響來看待自己是很不容易的，但是透過正念的呼吸與感受練習，可以幫助我們接受真實的自我。

首先，請你閉上眼睛，深呼吸、吐氣，深呼吸、吐氣，注意自己當下的呼吸聲，如果此時腦中突然冒出什麼想法時，請試著自我察覺：「啊，原來我現在有這種想法」，而不是：「我為什麼不能專心，老是在想別的事呢？」

只要反覆練習，就能正確掌握「正念」，學會不評斷任何人事物，專注當下，察覺自己的想法與感受。例如，在欣賞完電影或藝術作品後，試著不去評論「這部電影拍得真好」，而是表達自己的感受：「原來我被某個情節感動了，真是一部好電影呢」，這樣的練習可以幫助你養成不隨意評價人的習慣。

正念是自我慈悲的要素之一，同時能紓解各式各樣的壓力，讓生活變得正向。萬事起頭難，但透過微小的練習來養成正念態度，人生就能變得更美好。

要理解考驗並不只是我的問題

再來看在歌詞中出現許多次的「in this world」（在這個世界上）。就算不刻意加入這幾個詞，我們都應該對自己親切才對，然而防彈少年團卻不斷地重複唱著「in this world」，是為了強調「我」是屬於這個世界的，我和全世界的每個人一樣都是懦弱的人類，我所經歷的困難不僅僅是我的問題，而是所有人都會遇到的事情，這與娜芙說的自我慈悲三要素之一「理解人類生而普通」不謀而合。

我們需要理解個人的缺點、遭遇的困境、所經歷的困難不只會發生在自己身上，而是會發生在每個人身上的，因此要對自己和他人抱持著同情心。同情心會讓我們與他人產生更緊密的連結，這樣的關係提供了我們歸屬感，而充足的歸屬感可以讓我們對自己更加寬容。

真正的愛自己與為了讓自己獲得良好評價而努力提升自尊心是不一樣的。有時候我們為了成為更好的自己，的確需要努力改進缺點與弱點，但更重要的是，我們要成為自己的好朋友。當自己感到失望的時候，不要苛責自己，要像安慰失望的朋友一樣，親切地對待自己。

請大家用愉快的心情感受一下現在的呼吸狀態、身體感受與各種情緒。記住，脆弱是人類與生俱來便有的，當我們能實現自我慈悲時，我們才能更完整地感受到自己，也才能從完美主義與自我責備的泥沼中守護自己。

08 這個想法與感覺，都不是真正的我

宇賢的諮商測驗不是我進行的，而是我同事。宇賢是個成年人，卻是朋友牽著手帶他來諮商的。在諮商測驗的過程中，開口的不是宇賢，是他的朋友。當宇賢的朋友轉述宇賢的故事時，宇賢只是面無表情，坐在一旁沉默傾聽。我從同事那邊聽說了他的情況，並在諮商前做好迎接的準備。

那天，我和宇賢約好諮商時間，因為他的諮商問卷上寫著「我很無力，什麼都不想做」，所以我私下揣測他爽約的可能性，畢竟他不確定自己要不要諮商，而且現在又處陷於無精打采的狀態，爽約不無可能。

我一邊胡思亂想一邊等他，總算聽見諮商所的門鈴響起，而那也是我和宇賢的第一次見面。在諮商過程中，他說：「我覺得很疲倦也很沒力，感覺太疲憊了，好像什麼都做不了。」我請他詳細描述疲倦的感覺，他說覺得很睏，每次打工回家都只能躺在床上，但他也對這樣的自己很失望，無法忍受這樣的自己，卻不知道該怎麼辦。

宇賢不斷地強調「我真的很累，很無力」，並替自己找了一個像樣的理由：「我從小看父母吵架長大，爸媽在我國中時離婚了，在那之後，我和妹妹跟著媽媽住幾個月，再去跟爸爸住幾個月，這樣反覆輪流。爸媽都嫌我麻煩，都不愛我，我能怎麼辦呢？」

「我覺得自己很無力」的念頭

我聽著宇賢的故事很是惋惜，這樣的過往確實有可能傷害了他，但父母離婚已經是十年前的事，他卻到現在還覺得這是造成他現在無精打采的原因。實際上，不是每個人的無精打采都源自父母離婚等其他不幸事件。宇賢的高中生妹妹和宇賢一起長大，有著相同的童年，不過她認真讀書，人緣也好，妹妹當然也會有自己的困境，但她的情況卻跟宇賢截然不同。

如果某種經歷會成為某種反應的原因，那麼接觸過同樣經歷的人應該都會出現相同的反應，但事實上，並非如此。我們從宇賢和宇賢妹妹的情況就能看出，即使是同樣的父母帶大，經歷過同樣的事情，反應卻會因人而異。

既然如此，人們的反應與行動是從何而來的呢？認知行為治療學派主張，誘發人們特定反應或行動的不是事件本身，而是每個人對該事件的想法。從此一觀點看來，宇賢把自身無力感與無精打采的原因歸於父母離婚。

他的童年生活在爸爸、媽媽天天吵架的家庭，一直擔心父母會離婚，努力想改善父母的關係，卻有心無力。然而，他最擔心的事情成真了，這件事情讓他更加無力，而他的無力感便是源自於父母離婚的自然反應。

如果這份無力感持續下去，宇賢會一直覺得「我什麼都做不了」，這樣的無力感會讓人感受不到當下，減弱大部分人興致與行動動機的興趣，而且會鈍化情感，降低心理痛苦。

無力感或許是為了減輕父母離婚所帶來的衝擊，是保護賢宇的一種心理機制，但是同時，宇賢也害怕脫離這份無力感，這也是為什麼他會在長久的時間裡一直處於無力的狀態。現在的宇賢正處於認知融合（Cognitive fusion）階段，慢性無力感讓他將自己定義為「我是個無力的人」，即把自己的感受與說出來的話當成是真正的自己。

相信「命名就是事實」的我們

人類是世界上唯一使用語言的動物（其他動物可能有自己的語言，但起碼至今我們還沒發現），語言對我們的思維有著絕對的影響力。語言學家與心理學家指出，人類本能地會想透過語言區分情緒、感覺、事物、現象與想法等等，當發生某種情緒、某件事或某個想法時，我們會想替其命名。如果不給予一個名稱的話，我們會搞不清楚它的實際狀態，並因不確定性而不安，此一現象也體現在人類的成長過程中。

孩子還不會說話之前，因為還無法用言語解釋自己的情緒不安，會用哭聲來表達不舒服。不過，養育者會教哭泣的孩子那種情緒叫什麼，直到孩子慢慢懂得說出不同情緒的名字，準確表達自己的情緒，哭泣次數也會明顯減少，最後便學會如何自己調節不安。

就像這樣，人類會利用語言思考調節情緒，問題就在於，語言的力量太強大了。心理學家已經透過各種實驗證明了語言的力量，我們會根據某事物被取的名字去認知那個事物，就算那個名字是隨便取的也一樣，想法、情緒與行動也是如此。我們替某種情緒或行動命名後，就會把情緒或行動與該名稱畫上等號才會放心。在認知行為治療中，相信某事物被貼上的名稱並採取相應行動的行為，被稱為「認知融合」，宇賢就是最好的例子。

宇賢的夢想是當實用音樂作曲家，也考入了應用音樂系，但因為無力感，常常蹺課，結果被退學。他定義自己是個無力的人，把自己與無力畫上等號，從蹺課與退學的過程中深信自己的定義沒錯；他對小時候阻止不了父母離婚的自己很失望，從而形成了「我是個無力的人」的自我定義。自我定義會引導我們做出與該定義相應的行為，因為宇賢定義自己無力，並做出相應行為，所以才會變成更無力的人。

這些想法與感受都不是真實的我

人們透過語言形成自我定義，一旦我們說「我是~的人」、「我很~」，我們就會變成那種人。認為「我很憂鬱」的人會活得很憂鬱，認為「我是很容易不安的人」就會因為這句話更不安，但反過來說，正向的自我表達也是同樣的道理。假設，今天我們定義自己「我是個親切的人」的話，我們就會事事努力表現得和藹可親，但也有可能會想著要待人親切，反而忘記自我保護。

但是，這些定義真的能解釋我們自己嗎？很多時候，我們透過語言創造出的自我定義，都不是真的。再憂鬱的人也不是無時無刻都是憂鬱的，不安的人也不會經常不安，定義自己很親切的人也是一樣，真的有人在所有情況下都能親切待人嗎？再親切的人也有生氣的時候，但如果我們被「我很親切」的自我定義束縛，對自己施壓，我們反而會成為對自己冷漠的人。

宇賢也是一樣，雖然他很長一段時間都陷於無力感中，把自己定義為「我是個無力的人」，但跟我擔心的正好相反。在諮商所對話的時候，他非常專注，也願意為了諮商自動自發地走出家門，這表示他不是個無力的人。他之所以說自己很無力，其實是想逃避某些自己不想看見的部分。

「我是～的人」的自我定義會讓我們無法以開放心態接受自身感受與經歷。一個人越是相信自我定義，解釋經驗與感受就會傾向用自我定義去解釋，讓人往往無法活在當下。不過，人是無法被自我定義所束縛的，因為我們的狀態是會隨著時時刻刻的感受與經歷變化的。

人本主義創始者暨知名心理學家卡爾．羅傑斯（Carl Rogers）表示：「只有對經驗始終持開放態度，我們才能活出真實的自己。」但是，我們用語言創造的自我定義會成為桎梏，讓我們迴避多樣化經驗，讓我們無法順利地過好每一天。

宇賢必須擺脫語言創造的陷阱，也就是「我很無力」的自我定義，才能尋找「真實的自己」。為此，他得學會和語言所創造的自我定義劃清界線，保持距離，而他也很願意跟我一起展開這段旅程。

他能下定決心踏上這段旅程，也願意跟我約好下次諮商的時間，就足以證明他並不是軟弱無力的人，從這裡，我也很快就看出他的自我定義——「我是個無力的人」是多麼地狹隘。

09 不被心靈限制，過著真正人生的方法

史蒂芬・海斯（Steven C. Hayes）與史賓賽・史密斯（Spencer Smith）是接受與承諾療法（Acceptance and Commitment Therapy，簡稱 ACT）的共同創始者，他們在合著《走出苦難，擁抱人生》（Get Out of Your Mind & Into Your Life）這本書中，把人心比喻成公車：

在這裡有一輛公車，公車上有形形色色的乘客，有的乘客無精打采，有的乘客很不安，有的乘客很憂鬱，有的乘客氣得咆哮，有的乘客傷心流淚，有的乘客欣喜非凡。司機相當專注地開車，某名乘客卻一直大吼大叫，讓司機分心，再這樣下去，司機和其他乘客都會陷入危險。

司機邊開車邊思索怎麼讓生氣的乘客下車，但是，過了一、兩站，那名生氣的乘客都沒下車，司機想不到把這名造成所有人困擾的乘客趕下車的方法，反而因為全副心神都放在生氣的乘客身上，越來越煩躁，最後也變得情緒不佳。因為把心神放在生氣

的乘客身上，司機也跟著生氣而痛苦加倍。

在史蒂芬．海斯與史賓賽．史密斯舉的例子裡，公車上的乘客象徵著我們每天都會有的各種情緒，司機則是奔跑在人生道路上的「真實自我」。人們在生活中會經歷各種情緒，但通常只會集中在某種情緒上，假如是消極情緒，我們會致力抹去那股情緒。但是努力想要抹去消極情緒的我們，就像想趕生氣乘客下車的司機一樣，我們最後也會被那份情緒所感染。

如果司機對生氣的乘客說：「看來有讓您不高興的事吧？」並保持一定的距離觀察那名乘客，事情會變得怎樣呢？雖然司機還是會不滿生氣的乘客，但因為他的心力也分散在其他乘客上，就能用相對和平的心情開車。

想像現在有一輛疾駛於高架橋上的公車，上面有無力、生氣、憂鬱、不安、喜悅、開心等各種面貌的乘客。公車不斷地往前開，司機對乘客沒有不滿情緒的話，就不會被乘客干擾而分心。當然了，公車在行駛過程中免不了遇到紅綠燈，或是得要靠站讓乘客下車的情況，但無論乘客是什麼狀態，司機都會按原定路線行駛。

就像這樣，我們在生活中會經歷各式各樣的情緒，產生諸多想法，某些想法和情緒會造成我們的痛苦，有時我們也會受到非我所願的想法影響而感到痛苦。但是，只要司機不被乘客的情緒淹沒，司機就能載著所有乘客往前行駛，同樣地，如果我們能不放棄任何情緒，我們就能欣然接受並擁抱情緒，繼續前行。

改變說話的方式吧

我把這個公車的故事告訴了宇賢，接著我們便在素描簿上一起畫了一輛公車。我們約好在間隔一個禮拜的諮商日中，挑出一天，把他在那天經歷的事以及各式各樣的情感與想法都記錄在公車上。果不其然，宇賢的公車上有一名無精打采又疲憊的乘客。可是宇賢又說了，他打工回家後，躺在床上的瞬間，他感受到了暫時的平靜。宇賢還記錄了早晨起來摸貓的喜悅，雖然那份開心比無力與疲憊來得小。

在前幾次諮商中，我們在諮商所不斷地畫著公車故事，幾次後，宇賢逐漸瞭解到了自己有過很多無精打采與疲憊的經驗，但還是有其他情緒存在。儘管「累」，但不是每個時候都很累，他還是有打工、陪貓玩、餵貓等等的日常生活。

下一步，我跟宇賢會嘗試改變說話方式。雖然宇賢知道自己不是百分之百的時間裡都處於無精打采與疲憊的狀態，但他還是會說「我這禮拜一直都很累」、「我沒有被愛的價值」。「我～怎樣」、「我是～」這種表達方式表明了宇賢仍處於把感情跟自己畫上等號的認知融合狀態，因此我請他嘗試不同的表達方式，不要把自己和特定情緒或想法畫上等號，改用海斯與史密斯建議的方法：

我……有這樣的想法。

我……有這樣的感覺。

我……有這樣的記憶。

我……有這樣的身體感受。

我……有這樣做的傾向。

當他在諮商所說「我很累」，我就要他換句話說，像是「我感到疲倦」；他說「我很無精打采」就換成「我感受到無精打采」；他說「我沒有被愛的價值」就換成「我覺得自己沒有被愛的價值」。像這樣不定義自己，純粹表達某種狀態的方式，就能避免宇賢把特定的情緒、想法與自己畫上等號。

僅憑一、兩次的練習，當然無法改變語言習慣，但透過有意識的換句話說，就能擺脫「我是~的人」的自我狹隘定義。表達狀態能讓我們與自己的情緒及想法產生距離，有助於我們擺脫「我說的話就等於實際情況」的認知融合狀態，這稱為認知脫鉤（Cognitive defusion）。

透過這樣的練習，宇賢逐漸明白：「我只是感到無精打采，但我並不是個無力的人」，同時知道了自己也有狀況良好的時候，能擺脫我是無力之人的自我框架。

尋找自我價值

宇賢從適當的距離觀察公車上形形色色的乘客——也就是他內心不同的情緒與想法，每當他覺得自己無精打采時，他就會自覺地告訴自己：「這只是我現在的感覺」，不再被無精打采束縛。下一步，他必須拋開各種情緒，往前走才行。問題是，他該往哪個方向走呢？

海斯與史密斯表示，在這個階段重要的是尋找自我價值。價值指的是每個人都會有的生活方向，也就是公車的前進路線。因為價值就是方向，所以是沒有盡頭的。價值與目標是不同的概念，如果說，目標是實踐自我價值路上的一個公車站，那麼價值就是把目的地連結所呈現的方向，就像公車要有路線才能沿固定的路線行駛，追尋自我價值的人才能形成自我。假如我們很清楚公車路線，那麼即使偶爾迷路，也能很快地返回正確路線，換句話說，如果我們知道自我價值，縱使偶爾會因為障礙而徘徊不前，也能重返我們原本的日常。

某一天，諮商進行到半途，宇賢拿出一本舊筆記本給我看：「它一直放在書桌抽屜深處，被我遺忘了，我今天帶出來了。」那是他國中時寫的日記，裡面有他對人生方向，也就是自我價值的煩惱。

「我在整理房間時發現了這個，我以前真的很想做音樂，想帶給像我一樣生活遇到困難的人快樂。在我爸媽離婚後，我都靠音樂撐過難過時刻。妳看，這上面還有我寫的歌詞。」宇賢邊講過去的事情，邊流下了眼淚。

因為父母離異的關係，宇賢的青少年時期並不好過。他說看見過去懷抱夢想的自己，如今變得有氣無力，真的很難受。我對他的心情心有戚戚焉，也表達了支持。

在幾次諮商後，他說：「我想成為一個透過音樂帶給別人力量的人，說不定我經歷過的痛苦，對我是一種幫助。」

宇賢就這樣找到了自我價值，也找到了人生方向。

做現在能做的事吧！

在確定人生方向之後，宇賢該做什麼呢？他只要像公車一樣沿著路線行駛，也就是循著人生方向過日子就行了。但如果只是漫無目的地沿著路線走，就無從得知自己的路線是否正確，這時候他需要像公車沿著路線設站點一樣設定小型目標，若我們制定出明確目標，逐步實踐，路線就會變得明確。每實現一個目標，就能感受到成就感，獲得持續下去的動力，繼續走在追求價值的路上。

宇賢和我開始尋找實踐價值的具體方式，首先便從現在能做的事開始。宇賢決定拿出收在儲物室深處的吉他，而那個禮拜我們的目標就是：拿出吉他，放在看得見的地方，就這麼簡單。

過了一個禮拜，宇賢來到諮商所，他說他把吉他拿出來並放在房門旁邊，達成了拿出吉他的目標，而我們的下一個目標是彈吉他。一開始，宇賢說打工回來覺得太累了，根本不想彈，但他想起跟我的約定，所以在某一天打工回家後，就開始彈吉他。奇怪的是，一彈吉他，似乎就覺得沒那麼累了。

從那之後開始，他每晚都會彈吉他，無精打采地躺床的時間也因此變少了。雖然他說他還是有種疲憊感，很厭世，但一拿起吉他，那些想法就不知不覺消失了，所以我們的下一個目標是讓宇賢拍攝彈吉他影片。

同樣的，宇賢實踐了這個目標，把自己彈吉他的影片上傳到了 Youtube。他說，雖然是零點擊率，但聽著自己的彈奏，就能讓他感到心滿意足。

在諮商進入尾聲時，宇賢神采奕奕地走入諮商所，用有別於過去的飛快語速告訴我：「天啊，有個國中女生說她本來心情很悶，看完我的影片之後，心情好很多！」

宇賢的表情是前所未有的開朗，「我想透過音樂帶給別人力量」是宇賢的人生方向，而這件事則表示宇賢走上了自己的人生道路。雖然他仍會感到無精打采、疲憊，但他學會背負著這些情緒，創造屬於自己的人生。

在諮商全部結束後，宇賢報名了實用音樂補習班，決心實踐透過音樂帶給別人力量的人生價值，用意志堅定的步伐走向人生。

我和宇賢在諮商所做的並不是消除他的無精打采感與疲憊感，而是讓他與自己的情緒保持距離，幫助他學會不把那些情緒與想法和自己畫上等號，並將那些情緒想像成公車乘客，因此讓宇賢擺脫了「我很失敗」的想法，找到了自我價值。現在，他為了尋求自我價值，把能做的事設成目標，逐一實踐，最後改變了人生。

其實，不只是宇賢，我們每個人都會把當下的感覺、對自己的想法或經歷的痛苦和自己畫上等號，但是我們的想法、感覺、經歷的痛苦並不完全是真實的自我，它們就像公車乘客一樣，是我們的一部分。

如果我們能讓自己與這些情緒、想法保持距離，就能欣然地感受並接受它們。當我們能欣然接受，並沿著我們所追求的自我價值生活時，我們就不會被其束縛，能走向真正的人生。換言之，我們就不會排斥任何一種情緒，能真切地感受它們。

10 職業只是一種身分而已

「你的夢想是什麼?你長大後想做什麼?」這是我們從小就被問的問題。韓國父母會在小孩一歲時舉辦週歲宴,週歲宴的亮點是「抓週」,是一場預測小孩長大會成為什麼樣的人的活動。由此可見,我們的夢想從小就受到周圍人的關注。通常被問到上述的問題,大多數人的答案會是某個具體職業,比方說:醫生、老師、科學家、藝人等等。回顧過往,我的夢想清單上也曾寫下老師、鋼琴家、法官與記者等各種職業,諷刺的是,我現在的職業——心理諮商師與作家並不在清單上。

秀妍從小就有明確的夢想,當有人問起她的夢想是什麼時,她永遠回答:「我要當老師」。秀妍國、高中時非常喜歡韓文,她想成為韓文老師,想讓孩子們瞭解語言和文字的美麗,她為了這個夢想全力以赴著,但光是考進師範大學就很不容易。

秀妍重考了三次才考進師範大學語言教育系,進入師範大學後,她開始孜孜不倦，努力學習，終於到了成為教師的最後關卡「教師任用考試[5]」。教師任用考試的合格率比師範大學入學率更低，在第四次收到教師任用考試不合格通知之後，秀妍來到了諮商所。

秀妍的訴苦中聽得出她的迫切：「我真的很想死，如果不能當老師，我的人生就沒有意義了。我一直都把當老師當成目標，要我談論自己的未來的時候，我也一心一意想著當老師，可是這次考試又失敗了。我爸媽已經放棄了，要我先去小公司找份工作。當媽媽要我放棄的時候，我真的很想死。」

「我」不等於某種身分

秀妍因為長久以來的教師夢想破滅後，找不到生存價值，害怕自己做出不好事情的她選擇來到了諮商所。實現不了夢想，真的就沒有活下去的價值嗎？所謂的夢想，真的只能被局限在特定職業中嗎？

我可以理解秀妍因為遭遇挫折，加上長時間的努力與渴望沒有得到好的結果，所

5 譯註：類似臺灣的教師資格考試。

帶來的巨大痛苦與絕望感。我必須先讓秀妍盡情傾訴心情，並透過共鳴，平息她痛苦的情緒。我全心全意地感受她的各種情緒與想法，像是她覺得「不管我怎麼努力都不行」的無力感、因為失敗而引發的憂鬱感、覺得自己毫無價值的心情、害怕迷失自我的心等等。

在前幾次諮商中，秀妍在諮商所吐露痛苦，說自己讀書的辛苦不亞於現在這份心情，所以覺得更加委屈。

「我真的咬緊牙關死命讀書了，這次我真的全力以赴了，所以我一直期待會有個好結果。我努力這麼久，卻因為一個考試而無法實現夢想，我真的很不甘心。我不敢想像自己以後沒辦法當老師的樣子。」

秀妍的每句話在在表示出她有多渴望當老師，但這份迫切感卻讓她看待自己的目光變得狹隘。她一心沉浸在「我是老師」的想法，把自己放在「教師」的這個框架之中，但秀妍人生的所有時間都會是「教師」嗎？即使她通過任用考試成為教師，但週末或下班後，她也不會是教師，教師只是她想成為的「身分」之一，教師並不等於她自己。

我留意到這些部分卻不打算深入追究，只是問了她：「妳為什麼這麼想當老師？」

夢想就是實踐屬於自己的價值

秀妍因為突如其來的提問顯得有些驚訝，沉思一陣子後，她說：「我會想到小學五年級的老師，那時候我爸媽關係不好，待在家裡讓我覺得很難受，但是到學校，老師總是很溫暖又很慈祥地對我說話，讓我忘記了痛苦。大概是從那時候開始的吧，我想成為『能帶給孩子們溫暖的老師』。從小學、國中到高中，我們有十二年的時間，除了睡覺之外都會在學校度過，我覺得如果孩子們能在學校感到快樂，就算遇到困難也能好好地克服。我自己也喜歡韓文，加上國、高中的韓文課時數最長，如果我能讓韓文課變得有趣、愉快，我想孩子們在學校就能過得更幸福吧。」

我聽了她的話，整理脈絡後回答：「所以妳想成為一個能溫暖擁抱孩子們，創造快樂時光的人。想要成為這樣的人，其實不僅限於老師。再說，不是每個老師都能帶給孩子快樂與溫暖的時間。」

秀妍點頭道：「是的，我的夢想不僅僅是當教師，而是能帶給孩子們溫暖與快樂的時光，讓他們知道自己有被愛的價值，我認為這很重要。」由此可知，秀妍真正的夢想其實是「讓孩子覺得有被愛的價值」，教師只是她實現夢想的一種方式而已。

事實上，人們認為是夢想的職業，充其量只是人生中的一種身分，一旦把該身分視為終極夢想，反而會成為妨礙夢想實現的絆腳石。秀妍的夢想是「教師」，如果她無法成為教師，這個夢想就會無法實現；反之，假如她成為了教師，夢想成真，那麼她往後的人生就會沒有夢想。可以說，如果夢想是「我所追求的價值」，即我追求的人生方向變成了我的夢想，那麼情況就會截然不同了。

如果秀妍的夢想是讓孩子們覺得有被愛的價值，她在準備任用考試期間同樣能實現這個夢想。她可以當學習房[6]工時制教師或補習班講師教孩子，傳遞溫暖的關心給孩子，用這樣的方式，無時無刻都能實踐她所追求的價值，換句話說，她現在就能過著實現夢想的生活，等到秀妍成為教師後也是一樣——她作為教師，就能不斷地實踐自我價值，過著充實的生活。

露絲．哈里森（Ruth Harrison）在著作《快樂是一種陷阱》（The Happiness Trap）提到：「如果你因為沒能實現特定目標就覺得很悲慘的話，試著這麼做吧。先尋找隱藏在目標背後的自我價值，再自問：『即使是非常小的事情，但和我的價值一致，我現在又能做的是什麼呢？』然後認真去做那件事。因為價值無時無刻都與我們同在，它隨時都能為我們所用。」

6 譯註：學習房（공부방）是韓國自一九八〇年代開始替兒童與青少年提供教育的空間，類似補習班，大多在普通的居家空間進行，人數規模通常不超過九人。

當夢想成爲價值時，會發生什麼事呢？

秀妍再次陷入沉思，表情顯得有些困惑，不久後她開口：「看來我錯過了重點。我的夢想是讓孩子覺得有被愛的價值，但不知從何時起，我忘了這件事，一心一意想當老師，最近甚至連想當老師這個想法都忘了，把通過任用考試當成了我的夢想。遺忘終極價值的我，就像失去了自我一樣，所以我才想自尋短見。」

在那之後，秀妍馬上找到了能實踐自我價值的方式。她找了一份地區兒童中心經營的學習房工作，在那裡替弱勢群體的孩子們上課。她說，她跟孩子們相處的時候非常幸福，不再有「輕生」的念頭。

諮商進入尾聲，秀妍聽說家附近學校的韓文教師請產假，需要找約聘教師。雖然秀妍擔心會減少準備任用考試的時間，但還是決定先實踐自我價值，應徵了約聘教師的職位，最後也被錄取了，而我們的諮商就此結束。

三個月後，我們在事後諮商又見到面。秀妍說自己當約聘教師時，也實踐了自我價值，成為一個帶給孩子們溫暖與快樂時光的韓文老師，並說邊工作邊備考，雖然非常忙碌，但每一天都朝氣蓬勃；因為在尋找並實踐自我價值的過程中讀書，反而減輕了不安感，讀書時間變短，效率卻提高了。我也被她的活力感染，心情變得愉快。

其實，我們每個人的最終夢想都是成為真正的自己，從小夢想的無數職業，都只是實現「自我」的一種方式，不過許多人會誤以為從事特定職業就等於實現夢想，反而逐漸失去自我。當夢想是我所希望實踐的價值，而不是某種職業時，我們現在就能找到實踐夢想的方法。

如果你現在徘徊不前，覺得放棄無法實現的夢想將抱憾終生的話，請試著不把職業與自己劃上等號，劃清界線吧。記住，「我」是一個巨大的存在，不能與任何職業、職位或身分視為一體，把人生追求的最終意義與價值放在夢想的位置上，現在就開始動手做蘊含該價值的小事情吧。只有在日常中實踐自我價值，才能真正地實現夢想。

11 當一個對自己好的人

「我不知道自己是誰。」這是來到諮商所的來談者常說的話，每次聽見這句話，我就會再次瞭解到，懂得用言語表明「我是誰」，懂得用言語定義自我有多麼重要。

許多心理學研究指出，人會不安的最主要因素之一是「不確定性」，而能減少不確定性的方法就是語言。我們會替某些看不見，或者是不斷改變而無法確定實際為何的事物取名，藉由名字去理解該事物的本質，我們才會覺得那項事物變得清晰，因此無論對他人或對自己，語言都能帶來心理穩定感。簡言之，「知道」的感覺能減輕不確定性所帶來的不安。當我們能用某個詞或某個句子表達「我是誰」或是「他是怎樣的人」時，我們才會覺得自己很瞭解自己或那個人。

舉凡星座、血型以及韓國近期流行的十六型人格測驗，[7]之所以是永不過時的話題，

7 編註：十六型人格測驗（Myers-Briggs Type Indicator）簡稱 MBTI，是一種內省的自我認知測驗，可以看出人們在看待世界、遇見事情時，會如何做決定。

有可能是因為人們試圖藉由這些東西分類自己與他人，尋求穩定感。無論這些分類或測驗結果是否正確，但只要說「我是～個性」或「那個人是～型」，我們就覺得對自己或那個人有了更進一步的瞭解，相信透過分類，能得知自己行動的緣由，也能預測他人的行動。不過，用一個單詞或一個句子，真的就能完整地定義一個人嗎？真的有任何單詞或句子能完整地描述出一個人嗎？

前面提到接受與承諾療法創始者史蒂芬．海斯與史賓賽．史密斯把人類的自我認知解釋成三種層次：概念化的自我（Conceptualized self）、持續自覺過程中的自我（Ongoing self-awareness）與觀察中的自我（Observing self），這三種自我認知的層次能喚醒我們對認知自我的感受，仔細觀察這些感受的過程，就是得到「我是誰」這一問題的答案。

一、概念化的自我

第一個層次是概念化的自我，意指自我介紹的下個層次，即「我是～」、「我是怎樣～的」，能用語言表述「我是誰」，例如：

「我很完美。」

「我是受傷的人。」

「我是老師。」

這些表述方式是為了說服自己而編造出的，又或希望自己能成為這樣的人，一般來說，我們認知的自我就是這種概念化的自我。當我這樣子介紹自己時，人們會覺得「我」的面貌變得明確，明確便能帶給人心理穩定感。

不過，海斯與史密斯提出警告：這種穩定感會讓人感到壓力。人們有相信語言的傾向，因此，當我們用語言表述自己的時候，我們會把該表述與真實的自我視為一致，覺得那段表述就是完整的我。這時候，我們會看不見自己的其他面貌，困於該段表述而感到壓力。

當某人表述自己「我很完美」，他就會覺得不完美的我就不是真正的我，因此更執著於讓自己變得完美，活在痛苦之中；表述自己是「我是受傷的人」時，會忽略自己渴望成長的欲望，終日想著受傷帶來的痛苦，看不見現在能做的事，困在過去。

用「我是老師」這種特定職業或身分表述自己的人也一樣，他們只重視那個身分，卻忽略了其他人際關係中所產生的身分認同感（如作為某人的家人、某人的朋友或某人的鄰居）。

在這種情況下，如果他所認同的身分（如教師）遇到了挫敗，他不會認為那只是特定身分的失敗，反而會認為是「我」的失敗。可是，在人生中，我們不可能只擁有一種身分，即便在某個身分上失敗了，我們仍然有機會在其他身分上感受到成就。倘若把自己定義在某一特定身分，概念化自我強烈的人，反而無法抓住那些機會。

有強烈的概念化自我的人，無論好壞，會把與「概念化的自我」不同的情況或情緒當成是危險，他們會否認與概念化自我不同的經驗，把自己縮小到特定概念中。本章所提到的事例當事者，都是把「概念化的自我」和「我」劃上等號，以致於過著無法喘息的生活。

概念化的自我能提供認知上的舒適感，同時也會讓人忽視當下經歷的全新經驗。一旦活在概念化的自我中，將無法切實地感受變化與自我成長。

二、持續自覺過程中的自我

第二層次是持續自覺過程中的自我，意指當事者意識到當下的感受，並認知到「我」，而在持續自覺過程中的自我所感受到的當下狀態與感受就是所謂的「自我」。此一層次作為意識到自我的過程，常用的語言表述如下：

「我正感覺到那件事。」

「我正在想那件事。」

「我正想起了那件事。」

此一層次的語言表述是有技術、有批判性、有靈活度的。在這個階段，我們能打開心房，接受正在改變的自己。許多心理學家認為，當我們願意感受與接受我的感覺、想法與經驗正在不斷變化時，就能維持良好的心理健康，這也是成長的基礎。

卡爾．羅傑斯在著作《存在之道》（A Way of Being）中，如此描述了統合機制完全並好好地成長的人：「我變得時時刻刻都珍惜當下所經歷的每件事；我想珍惜突如其來的所有反應，無論是正面或負面的，像是憤怒、柔軟、羞恥、傷痛、不安、寬容與恐懼等等；我想珍惜每一刻浮現的想法，無論愚蠢、創意、怪異、正常或瑣碎；我愛上自己所有的衝動，無論是恰如其分的、瘋狂的、追求成就的、性方面的、殺人等等；我想豐富自己所有的情緒、想法與衝動，就算不依循它們行動，只要我能接受它們，『我』就能變得更加真實，那之後能做出更適合當下情況的舉動。」

如上所述，我們認知當下所經歷的、所想的、所感受的，並能感受到真切存在的「我」，這個行為會成為我們擁有更完整自我生活的基礎。但把自己認知為會不斷變化與產生新經歷的人時，有時也會引起混亂，山雨欲來風滿樓，在情感風暴襲來前的平靜間，我們常會害怕失去始終如一的自我。

三、觀察中的自我

消除這份恐懼感的就是第三層次的「觀察中的自我」。觀察中的自我意指綜觀過去、現在與未來，對自己的認知始終如一。觀察中的自我之所以陌生，是因為它很難用語言表述也不容易覺察，但是只要我們能意識到自我的存在，就能觸碰到始終如一的自我的核心。

試想，在意識到把自己定義成「我是～」的危險性當下，或是在努力認知著我現在在經歷什麼的當下，改用「我現在感受到～」表述，會怎麼樣呢？

我們從出生到現在有過無數的經歷，但對於那些經歷，我們的想法仍時時刻刻在改變，次次回想都有不同的感受。不管是過去或現在，我們時時刻刻都在經歷與感受各種事物，不斷地改變的「我」，一樣是「我」。儘管我們時時刻刻都在經驗某些事物，都在變化，但我依然是我。

海斯與史密斯把感受每一刻的經驗、觀察始終不變的自我的我，稱為「觀察中的自我」。觀察中的自我意指我們退開一步，觀察與感受自我想法的「我」，也就是對自己的後設認知（Metacognition）。

如果大家還是一頭霧水的話，請回想一下寫日記的時候吧。經歷過日記中所寫的想法、情緒與事件的人都是「我」，但現在正在寫日記，觀察日記中的我也是「我」。

從日記觀察著「我」的「我」，是從過去到現在，始終如一的「我」，而觀察並鳥瞰「我」的經驗、想法與情緒的「我」，就是觀察中的自我。

自我認知的核心就在於觀察中的自我。我們透過觀察中的自我所產生的感覺，理解到不管我們走到哪裡，有什麼樣的感受，做出什麼樣的行為，「我」都與「我」在一起。因為有了觀察中的自我，我們才能在至今為止經歷的許多事情中，保持名為「我」的感受。

觀察中的自我就是像這樣觀察自己，不判斷日常中的經驗或感受，而是接納，並反省其對我的意義，俯瞰自己，而這也是愛自己的核心關鍵。在本章中，我們談到如何從折磨我們的事物（如過往的傷痛、完美主義、對自己的定義與想法、把身分當成自我）中逃脫，這些方法的答案也都來自觀察中的自我覺醒。

但是，距離太近是無法進行觀察的，只有站在某條線外，我們才能窺見整體，觀察到在事件脈絡中變化的自己。只有我們與自己保持適當距離時，才不致於被生活中的痛苦、想法或經驗淹沒，能寬容地對待自己、善待自己。當我們能成為對自己好的人，不評價或斷論自己，抱持開放心態看待自己的時候，別人也能這樣看待我們，從而建立真實的關係。

因此，讓我們稍微遠離自己吧。保持適當距離，欣然接受與體驗自己所有的想法與情緒，朝自己的人生方向（自我價值）前進，如此一來，我們才能成為真實的自己，也成為一個善待自己的人。

假如你正在後悔自己不曾善待自己，後悔被自我定義束縛，責難自己的過往，那麼現在是你實踐本章內容的時候了。假設，你最好的朋友跟你有著同樣的煩惱，你會多心疼那個朋友，想給那個朋友的溫暖擁抱，想告訴那個朋友什麼？**把那份心疼、想說的話，以及那個擁抱給自己吧。**

我再強調一次，要愛己如愛鄰。

第 2 章
和想掌控我人生的他人劃清界線

01 對我而言是好事，對你來說也是好事的錯覺

幾年前，我參加了每天八小時，為期一週關於青少年諮商內容的研修。因為要帶厚重的書和資料，所以研修期間，我總是背著白色帆布包，每天課程結束回到住處，我就把帆布袋放在玄關門口，隔天早上換了衣服和書就去上課。

就這樣四天過去，在那裡認識的同事吃午飯時突然問我：「為什麼會換衣服卻不換包包？很不搭呢，比起帆布包，這套衣服配深色皮革包更好看。妳這麼會穿衣服卻忽略了包包，有點可惜。」

我說因為不喜歡重的感覺，書放到皮革包包裡會更重，帆布包比較舒服。雖然回答了原因，卻有種受傷的感覺，內心升起一股彷彿有什麼東西侵害了內心的不安感。

我家使用淨水器，所以不用買水也能喝到乾淨的水，非常方便。淨水器公司職員每三個月會來家裡更換過濾器，保養淨水器。因為持續了五年多，我和職員不知不覺間變得很熟，我家小狗在她來家裡的時候也會搖尾巴迎接。

不知從何時開始，她開始跟我聊自己的私事，有時也會問候我們家人近況。我因此得知她是在丈夫失業時開始做這份工作，現在家裡情況好轉了，但她很享受能跟不同的人見面聊天的樂趣，所以繼續做下去。

某一天，她邊熟練地更換過濾器，邊問道：「妳為什麼只生一個小孩？趁年輕再生個二寶吧。我看我身邊的人，只有一個兒子的都很孤單。我自己也是，小孩長大到外地生活之後，我就覺得他很像客人，但女兒會常常聯絡我，噓寒問暖，我有心事也只和女兒說。如果膝下只有兒子，媽媽會很孤單。」

我笑著回答：「生男生女又不是我能左右的」，但她突然的越線讓我感到慌張，心情也不太好。

以善意爲前提的關心，爲什麼會讓人感到不自在？

我當然清楚這些都是出自善意的忠告，也許是因為對方覺得跟我很親近，也許對方不把我當外人，希望我好才告訴我這些。但即使我努力理解對方的善意，每次聽到這種話仍舊不自在。

這種感覺不是只有我有。

作為社會的一份子，每個人常有他人出自善意的關心、擔心，卻感到被侵犯的經驗。究竟以善意為前提的關心為何會讓人感到不自在呢？我認為，這是因為這種出自善意或關心的前提本身就出了問題。

人們時常假設，對我有益的事情對你肯定也是好事，並以此提出忠告。我在研修課上遇到的同事可能是覺得衣服和包包要是搭的話，會很好看，才向我提出建議；保養濾水器的職員可能是膝下多子帶來了好處，希望我也享有好處才給出建議。然而，問題便出在於「對我好，對你當然也好」的前提，這個前提本身就是錯的。

心理學家認為想法因人而異，縱使生長在同樣的文化環境，接受不同的教育，有著不同的家庭環境，加上天生性格與成長背景等因素，其實我們都用不同的觀點看待世界。知名心理學家尚・皮亞傑（Jean Piaget）提出「角色取替能力（Perspective-taking ability）」的概念，意指認知到他人與自己是不同的存在，並能從站在他人的觀點上理解對方的情緒、想法與能力的能力。另外，尚・皮亞傑認為人到七歲之後會發展這種能力，不過最近研究顯示，七歲以前的幼兒也有這種能力。

根據角色取替能力的定義看來，「對我好，對你當然也好」的前提明顯是錯誤的。如果是具有角色取替能力——能理解他人與自己是以不同觀點看待世界的成年人，就會具備「對方的喜好與我不同」的意識。然而，社會喜歡使用「我們」遠勝於「我」，使得人們在兒童期無法好好地養成角色取替能力。就像曾風靡韓國的廣告標語「你不說我也都知道～」，這樣強調「你的心情我都懂」的「重情份」廣告一樣，在韓國社會中，把自己與他人的心情區隔開來，會被認為是很無情的一件事。

你我都有相同的感受，但這並不是真正的同理

不僅是心理學，在古今中外的哲學與宗教傳統上，同理心都被認為是能靈活維持人際關係與社會的核心概念。但是在韓國社會中，人際關係卻是建立在「對我好，對你當然也好」的錯誤前提上，便沒有了「與他人同理」的想法了。

心理學家卡爾．羅傑斯強調同理心在諮商中的重要性，主張同理心就像「站在對方的立場，感同身受」，試著將心比心，換位思考，停留在對方的觀點上。換言之，真正的同理心前提是「你與我感受到的會不同」，不是從自己的觀點，而是從對方的觀點去理解對方時，才有可能實踐真正的同理心。正是因為這樣，心理學家們把角色取替能力視為同理心的必要因素之一。

「對我好，對你當然也好」的前提，是基於我的感受與想法會和他人完全相同，而這種前提是不符合同理心的前提。站在自己的標準上去理解對方，不但會失去同理

心，還會導致「投射（Projection）」。

投射是一種心理防衛機制，是對方與我的界線模糊時，會把我的感受當成對方感受的現象。當投射作用發生時，我們會分不清自己與他人的感受，最具代表性的例子是，當我感到煩躁時，我會誤以為對方也在煩躁，甚至我們會把自己的情緒責任轉嫁給對方。

如果「對方的感受跟我的感受一樣」的想法，不僅限於投射作用發生時，便會進一步影響到性格的養成，當事者就會想控制與改變對方，即所謂的自戀型人格障礙（Narcissistic personality disorder，簡稱 NPD）。

自戀性人格障礙與「我愛自己，同時我也尊重他人」的健康型自戀不同，自戀型人格障礙者分不清自己與他人的感受，會用自己的方式動搖他人，想盡辦法改變對方以滿足自戀欲望。此外，當對方不按自己的想法行動，會導致自戀型人格障礙者的自戀欲望受挫，這類型的人會因此感到憤怒或絕望。

基於「對我好，對你當然也好」的前提而說出來的話、產生的行為，與其說是替他人著想，不如說是當事者從自己的角度判斷他人的想法、行動與感受，並把自己的偏好強加於個人。這是一種心理逾越的行徑，是不把他人視為獨立的個體才會發生的事。因此，就算這些話出於多大的善意，我們會對越線侵犯的話感到不自在，這是正常的。

守護自我的第二步就是讓自己和「對我好，對你當然也好」前提下越線的人保持距離。在本章中，描述了如何在自己與他人的心中間畫出適當界線的方法，這個方法的目的不只是尊重他人的感受，我的感受也能得到他人的尊重。要注意的是，越親近的人越容易侵犯我們的內心，因此，我希望大家先做好與親近的人果斷劃清界線的心理準備。

02 父母、子女之間也需要距離

那個時候正值路上的銀杏樹轉成金黃色之際，約莫下午三點，我在我家大樓前的公車站等公車，公車站旁是孩子們校車的停靠點。有幾位媽媽邊等孩子邊聊天，而校車停靠點的旁邊，則停了數學補習班跟英文補習班的接駁車。

沒多久，大邱知名私立小學的黃色校車駛來，穿著整齊制服的孩子們下了校車。高年級生三三兩兩說笑，走進了大樓裡或搭上旁邊等待的補習班接駁車，也有幾名低年級生一樣坐上了接駁車。

當時，有一名大概是小四的孩子開心地牽住媽媽的手問：「媽媽，我接下來要幹嘛？」媽媽和藹地告訴孩子下午的安排，走過了我身邊。

媽媽是一位非常和藹又溫柔的女性，而孩子也非常信任媽媽，把自己的日常生活全交給媽媽安排。從某種角度看來，這是個相當賞心悅目的畫面，但我的心底卻湧上一股苦澀。

為什麼下了校車的孩子不是說「媽媽，我今天想做那件事」或「媽媽，今天要不要一起做這件事」，為什麼要做什麼事得問媽媽呢？還有媽媽為什麼像孩子的經紀人一樣幫孩子安排事情呢？這對母子之間失去了界線，是不尊重彼此感受的典型親子關係。

如同一體的父母與子女

也許那名孩子從出生以來就受到父母無微不至的照顧，為了心肝寶貝，只要對孩子好的，父母什麼都願意做。在孩子長到三歲左右，會嘗試提出自己的意見，但父母可能會說服孩子聽自己的，而沒有父母就無法生存下去的孩子會慢慢地放棄自己的意見，聽父母的話。

老實說，父母替孩子做出的決定沒什麼大問題，因為父母會隨時隨地滿足孩子的需求，但是這樣的孩子也會習慣聽父母的安排。聽父母的安排生活非常輕鬆，孩子就這樣長成了小學生，雖然英文流利，課業成績傑出，但孩子從沒想過自己真正想要的是什麼。

細心照顧孩子的媽媽（雖然主要養育者不是只有媽媽，但我這麼說是因為在韓國社會裡，孩子的主要養育者大多是媽媽）全心全意想著孩子，比起自己的人生，孩子的人生更重要。媽媽和孩子就像一心同體般生活著，這樣的媽媽會竭盡全力滿足孩子的需求，孩子在這種環境下長大成人，習慣有父母的幫助，便會忘記自己才是人生的主人。

也許會有人想反駁我的說法，認為怎麼能從孩子和媽媽相處的情況單方面推測出這麼多事，但我相信我大部分的推測是正確的。因為在韓國社會，失去界線的親子關係比比皆是，有時甚至被視為是正常的。

在側聽父母、孩子對話的過程中，我們一定都聽過這些話：

「今天我把孩子送去補習班了。」

「我想讓他補數學，接受學前教育。」

不是孩子想去補習班，而是我送孩子去補習班；不是孩子想學數學，而是我讓孩子學數學。請仔細觀察這些表達方式，主詞都是父母，孩子則變成一種「目的」。語言學家指出，語言能反映人們的思維，說出口的話會讓該思維更根深蒂固，這些話反映出父母的潛意識思維——孩子人生的主人不是自己，而是父母。透過這些言語，父母成為孩子人生主宰的思維就會更加難以撼動了。

我最近在某個分享子女教育資訊的網路社團裡，看見有人問「我去年讓孩子上了一輪各大補習班的國中數學課，今年還要再上一輪嗎？」竟然說上了一輪！看起來讓人毛骨悚然的問題，在「瘋教育」的社團裡卻再正常不過了。在把這種話當成日常生活談論的國家，父母經常把子女視為自己的所有物，子女也無法獨立自主地看待自己的人生，雙方都無法意識到彼此是獨立的個體，父母與子女之間的界線便逐漸消失。

當父母、子女之間的界線消失時……

為什麼父母、子女之間的界線消失會成為問題呢？也許會有讀者問，父母關心孩子，犧牲自己的生活照顧孩子，替孩子作妥善的安排不是很好嘛，有父母悉心照顧的孩子在學校不會惹麻煩，能進好的大學，過安穩的人生，應該要認同父母付出的努力才對吧？但是，在過去十五年的心理諮商過程中，我常見到父母不願放手的孩子在長大之後經歷了困難，以及父母見到耗盡心血養大的孩子卻變得如此，無法承受心理的痛苦。

受到父母無微不至、精心照顧下長大的人，來到諮商所常這麼說：「我不知道我是誰，我活到現在都按照父母的安排去做，我不清楚這是不是我想要的生活。」

如果能說出這些，代表當事者能意識到自己的感受與狀況，那還算好。很多人來到諮商所，是因為不明的原因造成身心出了狀況，比方說：無精打采、憂鬱、不安，有時甚至會暴飲暴食或嘔吐。他們大多說「我不知道為什麼會這樣」，但是在這些症狀背後，是無法離開父母、無法獨立自主生活的自己。這些來談者每次遇到要自己下決定或違背父母意思時，時常會因為太害怕而引發身心不適，例如身體疼痛，或者陷入憂鬱、不安。

反之，把自己的人生奉獻在子女身上的父母來到諮商所時，都這麼傾訴著：「我每天都對我的孩子很失望。我那麼努力養大孩子，但他好像都不知道我的辛苦。孩子現在都大了，我的人生到底在哪裡呢？我不知道自己到底是為了什麼才活到現在的，我好後悔。」

不過，能用言語表達出自己過於投注在孩子身上，卻遺忘了自己人生的父母，還算是好的。大部分因為成年子女的問題來到諮商所的父母，都會下意識地阻礙孩子走進社會，建立新家庭。舉例來說，女兒申請海外交換學生成功，卻不想讓女兒出國的父親；想把女兒留在身邊，要女兒跟熟人兒子結婚的母親；嫉妒女婿或媳婦的父母等等。這些父母為了忘記自己的空虛，把成年兒女當成自己的分身般對待。

父母與子女之間的界線容易坍塌的原因

父母、子女之間的界線容易坍塌的原因為何？根據客體關係心理學家的說法，孩子在出生時會經歷與主要養育者的共生期（Normal symbiosis）。在這個時期，幼兒不會意識到自己與養育者是各自獨立的個體。當幼兒表達出飢餓、睏意或不高興的需求，養育者會敏銳地察覺到幼兒的需求，這使得幼兒覺得自己與養育者是一體的。不過，這種過程並非全然令人滿意的，因為養育者時常無法理解孩子的需求，隨著這些細微的失敗累積，幼兒會逐漸意識到養育者與我是不同的個體。

此外，幼兒會從觀察養育者的表情認知自己的模樣。當他們看見養育者溫暖又疼惜的表情，會意識到「原來我很惹人愛」，慢慢地認知自己。小兒科醫生暨客體關係心理學家唐納德．溫尼科特強調：「在這個過程中，養育者應該要認知到幼兒是需要自己幫助的個體，看待幼兒時，應該排除自身期待、恐懼，或替孩子安排好的計畫。」

然而，幼兒與養育者是一體的共生感同樣也給養育者留下強烈的印象，養育者會覺得孩子的命運操之於我，從而產生強大的責任感。這種感覺使得養育者無法與孩子分離，養育者會自動對孩子產生某種期待，希望孩子能替代自己實現過去未完的夢想，即產生了「投射」與「認同（Identification）」現象。

等孩子長大，身體機能慢慢發展完全之後，就會逐漸離開父母。這時，走路會帶來重大的心理影響。當孩子學會走路，就會覺得自己和父母分離，這時候只要父母靠近，孩子就會像逃跑似地跑得更遠，不久後才又跑回來。

隨著孩子的主見變強，他們會開始耍賴，透過這些過程，孩子逐漸長成一個擁有獨立自我的個體。到了這個階段，父母要學會與孩子保持距離，替孩子的獨立表達支持，也要準備好孩子需要保護時，能隨時回去休息的地方，而那就是父母該在的地方，可是卻有很多父母害怕將注意力從孩子身上移開，存在主義心理學家將這個情況稱為「畏（Angst）」。

「畏」意指人類在必須替自己的人生負責時，會產生不可避免的畏懼感。當父母全心投入孩子的生活時，就能不用思考自己的人生，反之，如果父母承認孩子是獨立的個體，父母就必須回到自己的生活，面對自己該負的責任而不安。因此，父母想透過悉心照顧孩子，藉此避免「畏」所帶來的不安。

站在子女的立場，他們一樣害怕獨立。離開父母，過獨立自主的生活意味著他們要對自己負責，這也會造成子女的「畏」。有些孩子覺得把自己的人生責任轉嫁給父母，會比忍受「畏」帶來的不安感更容易，因此孩子也害怕跟父母劃清界線，就算聽爸媽的話會很鬱悶，但按照爸媽的安排生活卻很輕鬆。

像這樣無意識的投射、認同與畏，會讓父母與子女無法把對方視為獨立的個體，也無法當自己人生的主人，替自己的人生負責。父母、子女之間的界線被模糊了，而這樣的關係會阻止人類想做自己的更原始欲望，導致各種身心不適症狀。

父母、子女該怎麼做才能建立適當的界線，互相尊重彼此是獨立個體呢？為此，心理學家投入了長時間的研究，最終發現了「心智化（Mentalization）」。心智化是父母與子女在彼此之間製造適當距離，並作為獨立個體進行交流的必要心理機制。

03 尊重家人內心的方法

「跟其他家庭比起來，我們家很『和睦』。」

民秀在「句子完成法」測驗[8]中，清楚地這樣寫著，在諮商事前表單上的家人親密度欄位上，他也選擇了「我和所有家人的關係都很親密」，而民秀之所以來到諮商所，是因為神經性暴食症。他說，只要一有壓力，就會不知不覺地去便利商店亂買東西吃，吃完之後悔不當初，便用手指挖喉嚨催吐。職場生活過得順遂的民秀，究竟為什麼會陷入暴食、催吐循環？

民秀的父親是大企業退休員工，母親是家庭主婦，還有一個大學生妹妹，一家四口同住一個屋簷下。因為民秀的父親非常重視一家人團聚的晚餐時間，深信「家庭的和睦來自於家人的日常交流」，所以民秀家有一個重要的家規，就是一家人必須一起吃

8 編註：句子完成法（Sentence Completion Test）簡稱 SCT，是一種未完成語句的心理測試，可以反映出受測者的態度、意願或者是焦慮程度等等。

晚餐，在餐桌上分享彼此的日常，民秀的父親甚至會等孩子們回家才吃飯，因為他喜歡在餐桌上聽孩子們說今天做了什麼事。

一家人透過這樣的方式增進彼此的感情，一起分享喜悅與悲傷，這就是民秀為什麼說自己的家庭很「和睦」，也對自己的家庭感到自豪的原因。奇怪的是，聊起和睦家庭的民秀，雙眼中卻一點都不幸福、快樂，從他說出「我從來沒跟朋友出去玩得很晚」、「我想跟女朋友一起去旅行，但連試都沒試過」的這些話中，感受得到他壓抑的情感。

我告訴他：「雖然你說很『和睦』，但你的表情看起來不幸福。」

民秀一時語塞，淚水不覺盈眶，這才吐露自己真正的心聲。

「老實說我很悶，我知道家庭和睦很重要，但我實在喘不過氣。有時候會覺得很厭惡，很生氣，但又會覺得我怎麼能可以討厭家人，因為這樣老是感到內疚。每次有這種心情時，我就會去便利商店買一大堆零食回來，在房間狂吃，吃完之後，催吐能讓我感覺輕鬆一些。」

民秀暴食的原因是家庭太過和睦嗎？不是，其實是因為他的家庭關係是「強迫和睦」。民秀在這樣和睦的家庭裡無法喘息，每當這種時候就會感到內疚，他無法理解自己為什麼會討厭家人，次次都要靠暴食與催吐才能消弭心情。

強迫和睦的家庭

為什麼民秀會對這樣和睦的家庭感到鬱悶呢？為什麼民秀的家人要強迫一家人非得「和睦」相處呢？這是因為「心智化」不完全的關係。

精神分析學家彼得・馮納吉（Peter Fonagy）提出的心智化意指一個人能瞭解自己或他人行為背後心理意義的能力，也就是能審視自我內心——「我是這樣子想的」，或是「每個人會因為不同的理由，而有不同的想法」的能力。

心智化能力會在幼兒與養育者的關係中發展，幼兒透過觀察養育者，意識到自己的模樣與心理狀態，每當這時候，養育者就會讀懂幼兒的想法，代為表達，於是幼兒學會了「我有我自己的意見」還有「我的意見能與他人共享」。這時候，就像理解了我有自我主見一樣，也明白了他人也有他人的主見，彼此可以分享不同的心意。

心智化能力就是以每個人都有不同的意見為前提，去理解他人的能力。心智化也是心理治療的核心機制之一，相關研究表明，培養一個人的心智化，能提高內在安定感，使人際關係融洽，並能治癒兒時因失敗而留下的傷痛。

民秀之所以痛苦，是因為他與父親都沒能正常發揮心智化能力。民秀的父親把和睦的想法視為真理，要求家人，反而忽略了家人的想法可能跟自己不同，這是因為民秀的父親沒有思索過自己為何追求家庭和睦，因為不清楚內心動機，又不理解他人的想法可能和自己不一樣，導致父親強迫一家人要這麼做。

民秀也沒有發揮心智化能力，在他感到不適時，沒有審視自己的內心，而是藉由吃消除情緒。沒有審視內心的民秀一味地責怪自己怎麼會跟父親的想法不同，而澈底忘記自己跟父親是不同個體。

藉由諮商，我幫助民秀理解內心，也解讀了民秀父親的心態。

如何培養心智化能力

我最先做的是幫助民秀表達完整的情感。民秀告訴我他匆忙下班時的不安感、無法理解他狀況的朋友們反應、常常因為趕著回家而跟女友吵架等等狀況。民秀也表達了各種情緒，像是經歷這些事時的煩躁、明明長大了卻沒有自己私生活的鬱悶等等。

我沒有輕率地揣測他的情緒，因為幫助他人心智化的方法之一就是用「我不清楚」的態度，傾聽對方說話。換言之，對待對方的態度是：即使我與你遇到同樣的情況，但我們會有不同的感受，所以我不會輕易揣測你的情緒與想法。我希望透過這樣的態度來幫助民秀釐清自己。

幸好民秀如我所希望，慢慢地理解了自己的情緒，他說：「仔細想想，我不應該對這件事有罪惡感。要我把一天的生活全部說出來，一定要在規定的時間吃飯，這些都困擾著我作為一個成年人的生活，我生氣是當然的。」

民秀找出了鬱悶感的原因，回想起兒時配合父親的標準所做過的事，開始表達對父親的委屈與憤怒。在諮商期間，我都採取「你的情緒全都是對的」的態度傾聽他說的話，也許是我的想法確實傳達給他了，民秀將憤怒逐漸轉為審視自己的內心，意識到自己有多希望成為能獨立掌控自己人生的主人。

諮商後期的某一天，民秀突然問道：「我爸到底為什麼要那麼做？」民秀終於開始發揮心智化能力，在審視自己的內心之後，慢慢地開始想理解父親的想法，也理解到了父親執著於家人一起共享晚餐是有原因的。

在諮商的過程中，民秀暴漸漸理解並接受自己的內心，減緩鬱悶與罪惡感，並記住父親也有自己的苦衷，憤怒的情緒隨之降低。暴食症原本是這些情緒的發洩出口，理所當然的，隨著這些情緒的減緩而消失了。

父親的心

我與民秀的諮商結束了，預計進行十五次的諮商能做到這樣的情況，已經是最好的結果，但我相信恢復心智化能力的民秀日後會繼續迎接變化。三個月後，在諮商後續追蹤時，我再次見到民秀。他已經不再暴食，看起來比過去更有活力也更健康了，更讓我驚訝的是，他跟父親深談交心了。

某一天晚餐時間，民秀跟家人提到他從諮商學到了什麼，讓民秀父親相當驚訝，用餐時，一如反常地默默不說話。隔天早上，父親在民秀面前說出自己的故事。民秀父親的父親，也就是民秀的爺爺從前有外遇，很少回家，民秀父親的母親（民秀奶奶）為此在吃飯時總是愁眉不展，讓民秀父親非常討厭晚餐時間。

民秀父親曾在朋友家過夜，見到朋友一家人聚在一起分享日常生活，相當羨慕，當時他下定決心，婚後要建立一個全家人一起吃晚餐的和睦家庭。民秀父親相信，一家人坐下來吃飯，分享一切，就能守住家庭幸福。

民秀父親分享自己的故事，並道歉道：「我太站在自己的角度想事情了。」民秀的心智化態度促進了父親的心智化，父子因而有機會確認各自的想法與背後的原因，得出了「互相尊重才是真正的和睦」的結論。

心智化能力就是理解自己的心，進而理解他人也有自己的立場與原因。父母、子女之間應該像這樣畫出適當的線，彼此都站在適當的距離看對方，對待對方如對待獨立的個體。具有心智化能力的人能反省自己的心與他人的心，因為承認、接受彼此的不同，所以不會無意義地負責他人的情緒，也不承擔不必要的罪惡感，更不會將對自己內心負責的責任推卸給他人。

想培養心智化能力，就要先學會觀察自己的心。當我們被某種想法或情緒淹沒時，是無法看見自己的內心的，所以我們要在適當的距離觀察自己的心，就像民秀在諮商所向我吐露心情，我給予幫助調解的反應，而他從我的反應明白了自己的心理狀態。

不過，一個人也能瞭解自我心理狀態，只需要小本子跟筆就行了。大家可以準備一本「心情日誌」，隨意記錄當天感受的情緒與想法，只要看著自己寫下的想法與情緒，我們就不會再被想法與情緒埋沒了。把想法與情緒記錄下來還有一個好處，我們可以從這些記錄中，看出自我情緒與想法的流向，就會在某一刻突然醒悟：「啊！原來我是因為那樣，所以才會這樣的啊！」

恢復心智化能力會成為彼此尊重關係的基礎，在理解自己的心之後，對待他人的態度也會變得寬容，就像民秀能理解父親的心與自己不同一樣，而且這種態度也能傳達給對方，促進對方的心智化。

04 你不是父母的獎盃

若說起「心智化」的反義詞，我們最先想到的就是「埋沒」。心智化是以自己內心的理解為基礎，並理解他人的想法與自己不同為前提，去同理對待他人的態度。反之，「埋沒」意指沉浸於自我的情緒與想法中，完全無從理解他人立場的狀態。

在一個人被埋沒的狀態下，這個人不僅不會意識到他人的想法、情緒會跟自己不同，還會被自己當下的情緒與想法控制，搞不清楚自己的心理狀態。

韓國受到傳統儒教文化的影響，體現了尊卑有序的垂直式親子關係，而這種親子關係的思想至今仍然存在。在更看重團體勝於個人的韓國社會中，父母與子女之間普遍常見「被埋沒狀態」，我在諮商所也經常看見這種關係。在這種關係中，精神與肉體的暴力更是屢見不鮮，甚至當事人不知道那就是暴力。

韓國導演鄭智宇執導的電影《快樂第四名》（4등）十分寫實，內容描述日常生活中父母的「非心智化」，這種處於被埋沒狀態下的親子關係，最終可能會發展成虐待。

被獎牌埋沒的媽媽

電影主角俊昊在游泳方面相當有天份，是個游泳健將，但每次參加比賽都只得第四名。俊昊的母親貞愛一直希望俊昊可以發揮他的才能，取得更好的成績，對於俊昊總是得第四名感到非常懊惱。

某一天，俊昊又拿了某比賽的第四名，貞愛對上車的俊昊說：「喂，你是傻瓜嗎？你現在還吃得下飯？我因為你真的要煩死了……你是不是很討厭媽媽？你游泳時想著你討厭的媽媽從後面追上來了，你就能拿到獎牌了。」

貞愛認為得了第四名的俊昊讓自己難過、傷心，她不曾去思考俊昊的心情，不斷強調自己很難過，甚至要俊昊把媽媽當成敵人，最後貞愛找到游泳隊教練，並把俊昊交給教練訓練。

貞愛的反應彰顯出她完全忘了俊昊和自己是不同的獨立個體，不把兒子的心情放在眼裡，被希望孩子拿獎牌的欲望所埋沒。教練用體罰的方式訓練與懲罰俊昊，貞愛在知道了這件事情之後，卻還是說：「老實說，比起俊昊被打，我更怕他拿第四名。」

母親貞愛為什麼執著於拿獎牌呢？電影中間，貞愛與二兒子基昊的對話給出了答案。貞愛在寺廟裡虔誠禱告出來後，基昊問她許了什麼願望，她答道：「俊昊，我求你哥能拿獎牌，求你用功讀書，考上好大學，求你爸身體健康。」

基昊問：「那媽媽自己呢？」

貞愛猶豫片刻道：「我沒有想求的。」

貞愛不知道自己想要什麼，甚至沒想過自己想要什麼，便不可能理解他人的情緒或欲望。這位母親缺乏心智化的態度，所以她可能永遠無法理解俊昊想的跟自己所想的不一樣。當俊昊再也忍受不了體罰，要放棄游泳時，貞愛淒切地哭喊：「我們都很努力，不是嗎？媽媽比你更努力，你有什麼權利放棄游泳？」

也許看過這部電影的人都會發現，教練的體罰與母親的暴力並沒有什麼差別，也有人說不懂父母怎麼會對小孩做出那種事，還好這只是電影，我卻覺得這是一部非常寫實的電影。試想，我們的身邊有多少父母希望孩子用功讀書，甚至有太多父母因為孩子考試錯一、兩題就忙著鞭策孩子，陷入焦慮；而孩子考到好成績時，父母的表現好像是他們自己考出好成績一樣開心。

如何從埋沒走向心智化

當某人把被欲望埋沒的愛偽裝成愛，把自己的感情投射到對方身上，就會企圖使用暴力行徑控制或左右對方。那麼，我們該如何找出被埋沒的原因呢？

俊昊很幸運地遇見了一個和母親貞愛不同的父親，雖然俊昊的父親英勳是典型的韓國父親，把教育的主導權交給妻子，但英勳深入問過俊昊的想法，俊昊也藉由與父親的對話，開始思考自己真正想要的是什麼。

他喜愛游泳，但比起拿比賽金牌，他更討厭被打。最終，俊昊自己做出了決定——寧可放棄游泳，也不想忍受暴力，於是他告訴媽媽：「我要放棄游泳。」

一聽到俊昊說要放棄游泳，貞愛暴跳如雷，她也曾嘗試說服俊昊，最終卻因為憂慮過頭而病倒了。在這個階段最關鍵的是，俊昊勇敢表達自己的意志且堅決不退卻。許多嘗試從父母庇護下獨立的人，會因為強烈的內疚感，讓好不容易鼓起的勇氣就像氣球一般洩氣。實際上，我在諮商所遇到很多努力想從父母身邊獨立的人，因為無法克服內疚，只能回歸原點，但電影中的俊昊是不一樣的。

俊昊花了很長一段時間審視自己內心，明白自己討厭的是被教練體罰、被逼著游泳而不是游泳本身，於是俊昊和內疚感保持適當距離，並把自己的人生放在中心，獨立思考：媽媽的感受是媽媽的，我的情緒由我自己解決。最後，開竅的俊昊，靠著自己的努力，獲得游泳比賽中的第一名。

俊昊沒有陷入內疚感陷阱的方法，就是理解「媽媽的心由媽媽自己解決，我要負責的是我的心」，即區分哪些事是我的責任，哪些事不是我的責任，正是兒女從心智化不足的父母身邊獨立的必要因素。

馬歇爾．盧森堡在《非暴力溝通》寫道：「我們之所以宣稱別人應該為我們的感受負責，目的就是要他們產生罪惡感，因而照著我們的意思去做。當為人父母告訴孩子『你的成績這麼差，讓爸爸和媽媽很傷心』，就是在暗示他們的快樂或悲傷都是由孩子的行為所造成。從表面上看，我們很容易認為，為別人的感受負責乃是關心對方的一種表現。孩子因為父母親的痛苦而感到難過，似乎顯示他很在意父母，但孩子如果負起了這個責任，並依照父母的心意而改變自己的行為，則他的所作所為並非出自真心，而是為了避免罪惡感。」

劃清界線的善良影響力

看著父母難過，卻什麼都不作為並不是一件容易的事，但我們無法替任何人的情緒負責，能負責的只有自己的情緒。即使父母因為子女劃清界線的行動而感到痛苦，子女也要牢記那是父母應該承擔的責任，因為把他人的情緒歸為自己的責任，不是心智化的表現。

父母若是不願意放手，有可能會用暴力阻止子女獨立，或是刺激子女的內疚感，這時候要記得保持距離，甚至做好與父母疏離的心理準備。因為父母阻止子女獨立、活出自我，或是不斷地要求子女犧牲的行為，都是奠基於親子關係上的暴力。

我在諮商所時，經常遇到處於埋沒狀態的親子關係個案，他們在學會如何劃清界線，懂得區分自身與他人的情緒、想法之後，關係也得到大幅的改善。在這樣的親子關係中，大部分受到壓迫的都是子女，通常也會是子女先意識到問題，因此子女要先主動劃清界線。等到子女劃清界線之後，大多數父母才會意識到出了問題，醒悟到長久以來的傷痛所造成的影響，並學會在往後的人生中，如何擁抱自我。

在我看完《快樂第四名》後，我想起很久以前見過的一位來談者。那名來談者因為父親的強迫選了醫學系，但因為與自己個性不和，受不了校園生活的他，選擇自動退學。他來到諮商所的原因，是因為他很害怕父親的反應，不知道該怎麼辦。

經過一番曲折的諮商後，那位來談者毅然決然地與父親劃清界線。雖然那名父親因為兒子的行為而大發雷霆，卻也因此有了審視內心的機會，瞭解到兒子想要的跟自己想要的不同，最終那名來談者得到父親的支持，選擇了自己想走的路。

像這樣，為了能活出自我而劃清界線，也能幫助他人培養心智化能力，活出自己，所以請鼓起勇氣，不要害怕地去做吧。

希望大家都能記得，你的人生永遠排在你的第一位，是任何關係都無法超越的。

05 「因為有你，我很幸福」的謊言

「因為有你，我很幸福。」

戀人之間能對彼此說出這句話，那麼他們的關係應該是處於最理想的狀態，或許他們正處於人類想透過愛情到達的最高境界——成為彼此的幸福源泉。正因如此，至今許多情侶的婚姻誓約依舊是「我會讓你幸福一輩子」，但我認為這句話非常危險。

正如德國知名心理學家芭貝・華德斯基（Bärbel wardetzki）著作《請不要當成個人風格》（Nimm's bitte nicht persönlich）一書中提到，「因為有你，我很幸福」這句話隱含著「沒有你，我就很不幸」、「絕對不要離開我」的訊息，即對方負責我的幸福、不幸或痛苦，一旦把讓自己得到幸福的責任轉嫁給對方，或我要負責對方的人生，最終會抹滅對方與我之間的界線，妨礙彼此成為獨立個體。

三十二歲的昭英是知名服裝品牌的設計師，她對自己的工作非常滿意。她說，離開父母之後，能夠獨立生活、擁有自己的獨立空間是一種幸福，但過著幸福生活的昭英卻因為戀愛問題而來到諮商所。

昭英透過朋友的介紹認識了現在的男友，兩人很快地度過曖昧期，向彼此表白心意交往，成為全世界最相愛的情侶，讓昭英的朋友們非常羨慕，也都會開玩笑地嘲笑他們是「肉麻情侶」。昭英說，他們每天會打電話互相叫對方起床，下班後會分享工作的點滴，睡前會講電話，每個週末都一起度過，真的非常幸福。

昭英也坦白自己太執著於這段關係，她很珍惜卻也有些壓力，因為只要男友的聲音聽起來有些無精打采，她就會擔心地問：「發生什麼事了嗎？」如果男友回答：「沒什麼，只是有點累」她就會反問：「是不是我做錯了什麼？是因為我才不開心的嗎？」甚至那天會因為這件事情失眠，整晚都在擔心是不是自己做錯什麼事情。但是如果她在隔天早上通電話的時候，聽見男友朝氣蓬勃的聲音時，她就會一掃昨夜的陰霾，跟著開心起來。

週末約會時，昭英也會擔心男友吃飯有沒有吃得開心，看電影覺得有不有趣，喜不喜歡兩個人一起散步，只要男友看起來不開心，昭英就會覺得「是因為我嗎？」反之，男友開心的時候，昭英就會幸福得就像擁有了全世界。

在熱戀期間，昭英聽說男友的公司狀況不好，男友甚至被列入了裁員名單，讓她不禁擔心：「是因為跟我談戀愛才忽略工作的嗎？」昭英把男友公司裁員的原因歸咎於自己，深感內疚，自己的工作也變得心不在焉。昭英說，她覺得自己把男友的處境、心情與自己的生活畫上等號，導致生活變得一團亂。

想因爲你而變得幸福

我聽著昭英的故事，想起了自己的戀愛時期。以前我和丈夫談戀愛時，也會被他的一舉一動影響心情，也覺得那樣的自己很陌生而感到手足無措。我想，有這樣經驗的人不單單只有我與昭英吧。墜入愛河的人都會覺得兩個人是一體的，並堅信我是因為對方才變得幸福，而且我也能讓對方幸福。

為什麼人們一相愛就會忘記兩人是不同的個體呢？精神分析學家作出如下解釋：「因為人類本質上渴望擺脫根本的孤獨，追求完全一致的感覺。」這與前面說明的新生兒與養育者融為一體的感覺有關。

孩子出生後，分不清自己與主養育者是不同的個體，相信養育者能像魔術師一樣解決自己的感受或需求，問題是養育者不是每次都能猜出孩子的想法。隨著孩子的活動範圍變大，孩子和養育者的距離會逐漸拉大，孩子透過此一過程，明白養育者與自己是不同的個體。

然而，出生時，我們與養育者完全融為一體的感覺帶給我們極大的幸福感，我們都喜歡那種感覺。孩子渴望獨立的同時也意識到分離的不安，一旦他們認知到主養育者是我的誰誰誰，與我是不同個體，就會出現強烈的分離不安。在這樣的成長過程中，孩子越來越重視自己的獨立，學會應付獨處的不安，逐漸長大成人，接受擁有孤獨的自我，以及人不能離群索居的事實。

人類終其一生都在追求新生兒時期體驗過的一體感與沉浸感以解決孤獨的感覺，而能實現此需求的時候就是我們墜入愛河的時候。我們談戀愛時會產生與對方完全融為一體的感覺，這個感覺就是「自我擴張（Ego extension）」，不只會讓我們心情愉悅，甚至能減少工作或其他人際關係所造成的壓力，透過這種方式，遺忘孤立感與孤獨感，因此覺得區分彼此是不同的個體毫無意義。

想負責的不是自己，而是對方的幸福

戀愛的沉浸感與一體感往往會抹去兩人之間的界線，認為對方的情緒就是我的情緒，也希望對方能與我的情緒有所共鳴。對愛的人的情緒與處境產生共鳴是很正常的事情，也是不可或缺的人際關係，不過大家要記住，真正的同理心是我能感受對方的情緒、理解他的處境，同時與他保持適當的距離，給予對方安慰與支持的力量。在失去界線的狀態下，所謂完全感受到對方的情緒，其實只是被對方的情緒埋沒罷了，這種時候反而會讓雙方陷入痛苦的感情漩渦，根本沒辦法給予對方安慰與力量。

當人們願意為對方的幸福負責時，其實就是分不清楚自己與對方情緒的時候了，昭英就是一個例子。男友被列入裁員名單是出於公司內部考量，昭英卻把責任攬在自己身上，被男友的情緒埋沒，想替男友的情緒負責，然而情緒被埋沒使得她沒辦法理性思考，也擾亂了她的生活。

在《心的智慧》（The Heart's Wisdom）一書中，作者喬依絲・維索（Joyce Vissel）與貝瑞・維索（Barry Vissel）將情感交流分成「相互依存」與「相互從屬」。相互依存指的是懂得區分自己與對方的情緒、欲望，懂得照顧自己並相互依存的狀態；相互依存的情侶能認知彼此的心理依賴，並保持適當距離看待這段關係。相互從屬指的是，無法區分自己與對方的情緒，比起自己，更想照顧對方；相互從屬的情侶因為無法認知對方的心理依賴，所以會把潛意識的欲望與情緒投射到對方身上，想替對方的情緒負責。

從昭英敏感地觀察男友的情緒，並從自己身上找出男友情緒的原因，可以看出她與男友是相互從屬的關係。昭英把自己的幸福依附在戀愛關係上，而戀愛帶來的沉浸感和幸福感讓她覺得「因為有男友，我很幸福」，男友的不幸與傷心就是我的不幸與傷心。

不只是昭英常對男友說「因為有你，我很幸福」，男友也常對她說「因為有妳，我很幸福」，兩人在對方身上尋找自己的幸福，抹去了兩人關係的界線，結果兩人逐漸地失去自我。

助人者與依賴者的關係

一旦戀人之間失去了界線，維持著相互從屬的關係，日後有可能會演變成助人者（Enabler）與依賴者的關係。「Enabler」通常被翻譯為助人者，實則也含有「提供幫助卻造成破壞的人」的意思，說白了，助人者幫助所愛的人，讓對方依賴自己，同時也讓人變得無法獨立生活。

助人者與依賴者是互相滿足對方需求的關係，卻也因此妨礙了彼此成為獨立的個體，在精神醫學上稱為「共依存症[9]（Codependency）」。助人者說著「因為有你，我

9 譯註：又稱互累症，指照顧者與被照顧者之間一種失衡的依附狀態。

很幸福」，透過撫慰對方的心情，為對方所做的事負責，讓對方完全地依賴自己，這些其實都是在滿足助人者「你不能離開我」的潛意識欲望甚至是控制意圖。

昭英試圖想讓男友變得開心，對男友的情緒負責，不知不覺間成為了助人者，越是如此，男友越會把自己的情緒責任歸咎於昭英。昭英與男友正在走向共依存症的關係，而這樣的情況在已婚夫妻也是司空見慣的。我邊與昭英諮商，邊想起我與她相似的戀愛時期與新婚生活。

新婚初期，我跟昭英一樣，把自己的幸福依附在丈夫身上。我堅信丈夫幸福，我才會幸福，而這樣的想法也顯現在我對丈夫的過度照顧上——我無微不至地照顧丈夫，每日都幫丈夫安排好飲食起居的一切。

婚後沒幾年，原本婚前還會自己下廚的丈夫，像個小孩子一樣連飯都不會煮了，而我則是將太多心思放在照顧丈夫上，忽略了工作，漸漸地與社會隔絕。我與丈夫逐漸變成助人者與依賴者，我因為過於照顧丈夫，使得他過於依賴我，失去了自理能力；因為花了太多時間在照顧丈夫，反而變得無法融入社會，過著不完整的人生。

在經歷過這種逐漸失去自我的深深失落感之後，我意識到這種生活方式是有問題的，最終也找到了解決方法，因此我也很高興昭英在變成這樣之前，先來到諮商所。

我分享了我的故事，並問她：「在失去自我的狀態下與對方交流，稱得上真正的愛情嗎？」

昭英將這個問題放在心上，決定尋找既能守護自我，又能與男友相愛的方法。

06 我們不是因為他人而變得幸福的

可能有人會問，昭英的煩惱有什麼不對的嗎？觀察所愛的人的情緒，努力哄對方開心，與對方共同分擔痛苦，相愛不就是應該這樣嗎？但是，我不覺得昭英的愛情是真正的愛。昭英對於「所愛的人幸福，我才能幸福」的念頭過於強烈，因此離不開男友，同時也在逐漸地失去自我。失去自我，也就是失去主體的愛，這是真正的愛嗎？

知名精神科醫生史考特．派克（M. Scott Peck）的著作《心靈地圖》提及，在精神分析中，「真愛」的定義為：以幫助自己與他人的精神成長為目的，擴張自我意志。換言之，真愛是擴充自我的經驗，透過對方統合自己的陰影，變成更完整人生的成長過程。此一過程大致上會分成三階段：

1. **陷入愛的階段：**如前所言，在第一階段會感受到一體感，兩人之間的界線消失，沉浸感讓我們覺得回到了孩子、養育者與全世界的一體感，盡情地享受全能感[10]

10 譯註：覺得自己具備做到所有事情的能力。

（Omnipotence），不過這一階段最長頂多十八個月。

2. **墜入情網的激情階段**：雙方會透過爭吵與和解發現自己的多樣化，擴充自我，也會想為了成為完整自我而與對方分離。在想在一起又想獨立的過程中，雙方一起尋求平衡，製造出適當的距離。

3. **心神灌注的階段**：當距離出現，愛情就進入了完整的階段。進入此一階段的戀人就會獲得真愛，兩人在負責自己生活的同時，也能相互依賴，有所成長。

由此可知，所謂的愛情是兩個親密的人尋找最適當的距離，相互引領並成長的過程。昭英跟男友愛情長跑四年，卻遲遲無法進入心神灌注的階段，是因為她沉浸於一體感，認為男友就等於她的幸福。她害怕失去幸福，所以過度觀察男友的情緒，替男友的情緒負責，漸漸地失去了讓自己幸福的能力。

探索想依賴的原因

為了自己，也為了與心愛男友的關係，昭英必須找出讓自己幸福的方法。首先，她要找出她為什麼會過度觀察男友、為什麼會想依賴他，為此，我與昭英先探索了她小時候與父母的關係。

昭英是父母捧在掌心疼愛的獨生女，是父母的寶貝，昭英說的每句話、每個動作都對父母有著重大意義。昭英父母常說：

「我女兒唱歌給我聽，我好幸福。」

「妳在鋼琴比賽得獎，爸爸、媽媽好驕傲，謝謝妳讓爸爸、媽媽變得這麼幸福。」

「考試成績太棒了，謝謝妳，爸爸、媽媽好幸福。」

昭英說，她很喜歡父母這麼說。小學三年級，她在兒歌比賽得獎時，爸媽欣喜若狂。她說她永遠忘不了爸媽幸福的表情，所以她更努力唱歌與讀書，想讓爸媽幸福，因為爸媽幸福，她就幸福。她在爸媽的幸福中找到幸福，所以只要爸媽稍微露出失望的表情，昭英就會看爸媽臉色，想著「是不是我哪裡做錯了」。

我告訴昭英，她描述自己跟男友的關係跟她對父母的記憶非常相似時，昭英大吃一驚地說：「意思是說，我在戀愛關係中，重複過去我與爸媽關係中的行為模式。我因為沒跟爸媽同住，把沒用在爸媽身上的心力放在男友身上，所以這就是我經常在別人的幸福裡找自己幸福的原因。」

區別自己與對方的欲望

我很高興昭英能這樣剖析自己。昭英表示她已經厭倦了照顧別人的情緒，想擺脫過去的模式。在她探究出內心依賴男友的原因後，我們進入了下個階段：區分自己與對方的欲望。

昭英決心牢記「我不再是孩子」的事實。對小時候的昭英來說，父母是全世界，但她現在三十二歲了，除了父母與男友之外，還建立了許多人際關係。我們一起找出她的各種幸福源泉，比方說學生時期的朋友、工作上遇到的同事，還有工作帶來的成就感等，透過這種方式，她便不會再覺得男友是唯一的幸福源泉。

現在昭英準備好瞭解自己的情緒與欲望了，所以我每週都會出作業，要她邊約會邊集中注意力，像是跟男友一起看完電影後，不要想著「男友覺得有趣嗎？」而是有意識地想「我覺得有趣嗎？」；一起吃東西時也要想「我覺得好吃嗎？」或「今天的約會我滿意嗎？」

一開始，昭英說觀察自己的情緒很難為情，不過她會把當天約會的滿足度記在小本子上，逐步明白了自己的情緒與欲望。某一天，昭英看完電影後問男友：「這部電影深深地打動了我，你呢？」從沒說過自己觀影心得的昭英，這次先說出自己的感想，這代表她開始記住自己會有和男友不同的感受，並尊重自我感受。

我問男友怎麼回答，昭英說男友覺得很無聊，也問了男友為什麼覺得無聊，並解釋自己被哪一部分感動。昭英補充道：「換成以前，男友說很無聊，我就會附和說『對啊，無聊死了，浪費錢』，結束對話，但這次我們一起討論電影，對話內容變得更豐富，更瞭解彼此喜歡或不喜歡的部分。」

自己的幸福只有自己能創造

昭英藉由區分自己的情緒與對方的情緒，創造與男友之間的適當距離，明白彼此的喜好不同，沒必要單方面迎合男友，並接受了不需要因為男友的不幸，讓自己也變得不幸的想法。昭英當然替男友公司的事感到遺憾，但這件事的原因出自公司，昭英也清楚明白自己能對男友的痛苦產生同理，卻不能替男友的情緒負責。

昭英諮商的最後階段就是學習如何對自己的幸福負責，於是她開始思考自己沒有跟男友在一起的時候能做什麼。在諮商所裡，她聊著自己覺得自己有哪些優點、自己喜歡的事物、有什麼心願清單等，摸索著愛情之外帶來幸福的事物。

除了愛情之外，昭英發現能讓她感到幸福的事物是硬筆書法以及和好姐妹聊天。昭英從小就喜愛寫字，抄寫名言佳句會讓她感到心情平靜。在跟男友交往前，昭英下班後常在房裡靜靜抄詩，感受幸福。她說自己與男友交往後，就忘記了當時的喜悅，現在她重新加入硬筆書法的網路社團，買了鋼筆跟紙，開始利用下班後的閒暇，享受硬筆書法的樂趣。

昭英還想起她在交往前，每當覺得有壓力時，就會跟好姐妹聊天，有了男友以後，她跟姐妹見面的次數漸漸減少，沒能享受女孩之間聊天的幸福，也很少從多年好姐妹身上獲得的喜悅。

在某個週末，昭英告訴男友：「這禮拜我想約朋友到家裡玩。」那個週末，她沒跟男友聊天，而是跟好姐妹聊整夜，之後昭英在諮商所說：「真的太痛快，我現在知道了，就算沒男友，我也能很幸福。」

昭英擺脫長期以來困擾她的「只有男友幸福，我才會幸福」的念頭，她透過喜愛的硬筆書法以及好姐妹聚會閒聊找到讓自己幸福的方法，跟男友的關係也變得更加親密自然。

「其實，每週、每晚都只跟男友見面，覺得有點鬱悶，有時候太累了，懶得見面又怕男友會傷心，我就會強迫自己赴約。最近累的時候，我會老實跟他說，我很累，想休息，就留在家裡休息。等到下次約會時，我們之間的氣氛就會變得更好、更開心了。打從我不看男友臉色，坦率說出我的想法之後，我吃到更多我想吃的東西，看了我喜歡的電影，約會氣氛也變得更好了。」

昭英找到了保護自己又與男友相愛的方法，就是懂得區別自己與對方的情緒與欲望，懂得照顧自己而不是照顧對方，因此讓自己變得幸福，兩個人的關係也變得更緊密。

如果要我選出一部啟發我人生的電視劇，我一定會說是二〇一八年的《最完美的離婚》（최고의 이혼）。該電視劇描述了一對相愛卻累積許多遺憾的情侶決定離婚，尋找最適當距離的過程。

劇中有句臺詞說：「人不會因為他人而幸福。」事實就是如此，我們無法讓任何人幸福，我們只能負責自己的幸福。當我依賴某人給我的幸福，或是我想為某人的幸福負責時，那段關係就會失去呼吸的空間，失去生命力。

兩個擁有守護自我幸福力量的人在一起，最重要的就是能在獨立與依賴之間找出適當關係，讓關係能夠呼吸。如果你正因為愛情而喘不過氣，就檢查一下你與戀人之間的距離是否合適吧！希望大家記得，只有各自作為獨立的個體，彼此能負責自己的幸福時，才能成就一段相互引領並成長的真正愛情。

07 不是凌駕於他人之上，就是過度迎合他人

《他人即地獄》（타인은 지옥이다）是二〇一九年的韓國電視劇，儘管我沒看過這部劇，但我認為劇名完整地呈現人際關係的缺點。人類是社會性動物，跟其他動物相比，即便我們不用回到初生嬰兒的脆弱狀態，我們仍無法離群索居，必須過著群居的生活，因此人際關係是人類生存的必要條件。但我們有時會覺得這個生存條件讓人就像活在地獄一樣，如果身為獨立個體的我得不到尊重，那段關係就會變成地獄。

俊浩與美英在經歷了「關係的地獄」後，來到了諮商所。

俊浩在公司企劃部工作約三年多，在自己喜歡的部門時時刻刻保持對工作的熱情，獲得了公司的肯定，在職場上也有好人緣，很滿意職場生活。不過，四個月前人事調動，俊浩所在的組換了個新組長後，慢慢開始產生問題。

新來的組長充滿強烈的自信，野心勃勃且能言善道，有出色的領導能力。俊浩

說：「新組長跟過去和藹的組長不一樣，有著領導魅力，看起來很帥，我想跟他打好關係，所以積極地提出建議，交了很多次企劃案，問題是他的反應讓我摸不著頭緒。每次我在寫企劃案，他就會過來問我問題，一副很感興趣的樣子，也會鼓勵我。但每次東西一交上去，他都很冷淡地說：『放下你就可以走了！』頂多偶爾問一下：『這個企劃是新想的嗎？』他越是如此，我就越想討好他。」

某一天，俊浩偶然間看到組長開會用了他做的簡報報告，受到不小的打擊。那之後，組長還對俊浩說：「你的簡報資料做得很好」，並拜託俊浩幫忙修改他的簡報。俊浩說，他覺得心情很微妙，卻又覺得得到認可，還滿高興的。組長就這樣把俊浩做好的資料當成自己做的，提交上級或拿去報告，回頭再給俊浩戴高帽子。每次組長那麼做，俊浩就會覺得自己出類拔萃，對組長來說是個特別的存在。

最後，還是出現了問題。俊浩因為替組長做簡報資料，疏忽了自己的工作。某天，他來不及完成負責的市場調查，組長大發雷霆，飆罵俊浩。因為組長說的話太難聽了，俊浩難以啟齒。俊浩漸漸覺得自己變得不對勁，當組長讚美他的時候，他覺得自己是最優秀的人，反之，當組長羞辱他的時候，他覺得自己無比渺小。俊浩會因為組長的反應而來回於天堂與地獄之間，他對那樣的自己很失望無措。

美英說自己來到諮商所的原因，是因為感到難堪。美英是土生土長的首爾人，因為丈夫工作跳槽，所以跟著丈夫搬到大邱。在無親無故的大邱定居，美英很依賴比自己年長的女性鄰居。鄰居的小孩跟美英的小孩年紀相仿，美英一家剛搬來的時候，鄰居問候她，還經常分食物給她，美英有急事時，鄰居還會幫忙照看孩子。美英說，遇到好鄰居，覺得很慶幸。

自從孩子們上幼稚園後，鄰居常按美英家門鈴，說做了孩子們的零食或小菜。美英被她的真誠感動，每次她來，就毫不猶豫地打開大門，跟她聊天。後來，鄰居敞開心胸，傾訴自己的困境，表現得很相信美英。美英很感激她的信賴，但不知何時起，這段關係讓美英感到疲憊，有時美英想擁有自己的時間卻老被打擾，讓她很鬱悶。

有一次，她對鄰居說：「明天我有事」，對方的臉立刻變得僵硬，看到那個表情之後，美英更難拒絕她的造訪。還有一次，鄰居一到美英家就開始流淚，說娘家父親生病，急需醫藥費，向美英借錢。美英雖然也替她難過，又覺得借錢好像越線了，便拒絕了她。鄰居臉上閃過失落，隔天卻傳了超長的訊息給美英：「抱歉提出那種請求。我有什麼事情讓妳不高興的嗎？」美英說覺得很愧疚，便告訴了丈夫這件事，丈夫生氣地說：「不要被人利用」，夫妻還為了這件事情吵架。

儘管俊浩跟美英的情況不同，但兩人的情緒、感受類似，都是在特定的人際關係中感到莫可奈何的無力感。他們都被隨意侵犯界線的人利用，陷入了「自戀型人格障礙的陷阱」。

什麼是自戀型人格障礙？

就算不是學心理學的人，也都聽過「自戀」（Narcissism）這個詞。這個詞源自於因為過於愛自己而溺水身亡的希臘神納西瑟斯，就像深愛自己的納西瑟斯一樣，自戀意指愛自己的心。

如果按照這個定義，自戀會是人類不可或缺的要素，因為沒有愛自己的心，就很難維持自尊心，更無法與他人平等交流。精神分析學之父西格蒙德・佛洛伊德說過，自戀是向內的心裡能量，小時候的自戀是正常的，而自我心理學創始者海因茨・科胡特（Heinz Kohut）則主張在得到父母全面支持的兒時所出現的自戀是成長過程中必備的。換言之，幼兒要求養育者按自己的想法行動，試圖操縱養育者，或認為自己無所不能的想法，是人類正常發展過程。

幼兒期的自戀會以自我感受為基礎，是極其自私的，但在重複滿足與挫折的過程中，不切實際的自戀會變得現實。根據科胡特的觀點，自戀會透過養育者的共鳴反應獲得適當的滿足，成為幼兒肯定自我的基礎，但是過於膨脹的自我形象必然受挫。以自我為中心的幼兒經過適當的受挫後，會逐漸接受「我不是這個世界的中心」的現實，而這是實現健康又實際的自戀的必經過程。

健康的自戀者藉此過程打好心理基礎，在愛自己的同時也能接受挫折，對他人產生共鳴與關懷，但是當自戀者的自戀欲望沒獲得適當的滿足或挫折的時候，就會產生問題。科胡特表示，當某人的自戀沒能得到滿足，只經歷過多的挫折，當事者為了保護自己就會執著於過於膨脹的自我形象。反之，某人因為父母的寵溺或特殊的成長過程，沒能經過適當的挫折也無法接受現實中的挫折，當事者即使長大成人，也會維持著幼兒期的自戀。心理學家將那些在自我滿足與挫折出現問題，導致長大成人仍懷抱不切實際的自戀者，稱為「自戀型人格障礙」或「自戀者（Narcissist）」。

● 顯性自戀 VS 隱性自戀

自戀大致可分為兩類：「顯性自戀」與「隱性自戀」。顯性自戀者會把「我是重要人物」的態度廣而宣之，以傲慢的態度待人，執著於權力與成功，並具有特權意識，為了維持特權不惜剝削他人，俊浩的新組長就屬於此類型。新組長只聽下屬的奉承之言，經常嘲諷直言不諱的下屬，貶低看起來比自己能幹的俊浩，以提高自尊，並且毫不猶豫地把俊浩做的報告占為己有，新組長就是為了自己的成功而在利用俊浩，這種顯性自戀的極端類型在電視劇與新聞中屢見不鮮。

二〇二〇年至二〇二一年的韓國人氣電視劇《Penthouse：上流戰爭》（펜트하우스），劇中主角全都是顯性自戀者。以主角千瑞珍與朱丹泰為首的頂樓居民擁有許多東西，卻為不屬於自己的東西而焦慮，並殘忍地踐踏有意超越自己的人們，主角們也因為無法滿足自己膨脹的自我形象而掙扎。在新聞報導中常見的那些濫用權勢的企業家與政客也都是顯性自戀者，他們傲慢待人，執著於自身的權力與成功，不惜利用他人卻毫無愧疚感。

另一種類型是隱性自戀，隱性自戀者十分在意他人的反應，執著地想知道他人是否喜歡自己，會為了得到他人的喜愛而努力。儘管隱性自戀不會將這樣的性格表露在外，但此類自戀者都抱持「我必須得到所有人的愛，不能被拒絕」的信念，會為了獲得自己是好人的認可而對他人示好，甚至過度親切。

隱性自戀者對愛的渴望是無止盡的，透過善意與親密感操縱他人，讓他人無法拒絕自己的請求。他們通常會利用愧疚感左右對方，如果付出的努力卻不被接受或遭到拒絕，就會爆發「自戀型暴怒（Narcissistic rage）」，美英的鄰居就是一例。美英的鄰居透過善意、親切與同情試圖獲得美英的關心與愛，並想獲得美英的經濟援助，但是當她被美英拒絕後，她表現出來的憤怒與悲傷引發美英的愧疚感，讓美英陷入了困境。

●自戀型人格的根源

顯性自戀者與隱性自戀者的表現天差地別，因此常被視為不同的性格，但兩者根本的心理結構並無二致，都是空虛與孤獨之人。

顯性自戀者想炫耀自己的特權，覺得自己凌駕於他人之上的原因是欠缺被愛的經驗。小時候從養育者那裡感受到被接納與尊重的人，即使不炫耀自戀，也能愛懦弱的自己，可是大多數的顯性自戀者都缺乏這種童年經驗。他們可能只有在表現傑出或有力量時，才能被人愛、被人尊重，失敗就會遭到指責，或者成長過程中缺乏挫折經驗。無法接受懦弱自我的他們，因此不惜剝削他人來展示自身力量，隱性自戀者也是一樣的。

隱性自戀者缺乏被尊重的經驗，時常感到不滿足、空虛與孤獨，他們之所以渴望極度親密，潛意識迎合、討好他人，是因為想透過被愛的感覺填補內心空虛。

說到底，有著自戀傾向的人，即使不是自戀人格障礙者，也會是個為了填補空虛而全力以赴的人。這種人感受不到真正的自我，區分不了自己與他人，不利用他人就無法維持自我，這也是為什麼《為什麼主角都是你》（Why Is It Always About You）的作者暨美國心理醫師桑迪・霍奇基斯（Sandy Hotchkiss）主張：「侵犯界線是衡量他人自戀與否的關鍵線索。」

像這樣分不清自己與他人界線的人會侵犯界線，把他人困囿在關係的監獄裡。俊浩與美英的痛苦就是因為被自戀者侵犯了界線，因此他們必須豎立起倒塌的界線，尋找不被自戀者侵犯的自我保護方法。

08 如何保護自己不被自戀者傷害

「我對自己很失望，竟然被組長的讚美與責備左右自己的情緒。」

「不能幫助鄰居的我好像是個差勁的人。」

俊浩與美英異口同聲地責備自己，而不是責備造成痛苦的自戀者。

我們與自戀者的關係會引發我們種種情緒，或像俊浩一樣高漲的情緒與羞辱感，或像美英一樣的愧疚感，這種反覆出現的情緒會誘發我們的羞恥心。羞恥心意指當事者想責備自己的存在的心情，即「天下之大並沒有我的容身之處，我是個羞恥的人」的感覺。俊浩與美英因為維持著與自戀者的關係，最終都陷入了羞恥的深淵。

他們為何感到羞恥？這是由於他們面對自戀者的主要情緒是「羞恥心」。如前所言，自戀者沒有被人喜愛過真實自我的經驗，時常覺得自己舉措失當，內心倍感空虛，並充滿羞恥心。他們透過凌駕於他人之上，或不斷地確認他人的愛，企圖隱藏自己的羞恥心。此外，他們會把這些情緒投射到與自己有關的人身上，俊浩與美英感受到的羞恥心，很可能不是自己的，而是自戀者所引發的。

因此，擺脫與自戀者的關係最重要關鍵的就是：擺脫不是自己的羞恥心。我們要區分出哪些情緒是真正屬於我的，哪些情緒是對方引起的，桑迪・霍奇基斯在《為什麼主角都是你》一書中，把此一過程劃分成四種階段：

1. 聆聽自己的情緒。
2. 接受現實。
3. 制定界線，並堅持下去。
4. 建立不同的人際關係。

一、聆聽自己的情緒

保護自我不受自戀者傷害的第一階段是區分自己的情緒與自戀者的情緒，並仔細聆聽自己的情緒，理解自己為何受到自戀者的吸引。

俊浩探索了自己的成長過程，說自己無論在家裡、學校或公司，都很老實勤勉，努力展示出好的模樣。俊浩自稱是模範生，與我分享哪些時候覺得人生很幸福，哪些時候覺得自己很慘或很悲傷，他的故事裡流露出他渴望獲得他人認可的心理。

想獲得別人肯定的心情非常強烈的俊浩想方設法獲得自戀者上司的肯定，又沒意識到上司對自己的影響，在經過幾次諮商談話後，俊浩找到了癥結點，並且領悟到了「我不是天生就很差勁的人」。

他說：「我好像很在乎自己能不能得到別人的肯定。我之所以活得像個模範生，也是因為想得到別人的正面評價。別人肯定我，我就覺得很幸福；別人不肯定我，我就覺得很不幸。大概是這種心態太強烈，我才那麼努力想獲得組長的肯定，被組長左右情緒的吧。」

美英則向我分享她搬到人生地不熟的大邱之後的心情。她說，突然與親朋好友斷絕關係的失落感，以及丈夫沒先商量，逕自決定跳槽，讓她很怨懟丈夫，覺得很孤獨，像被孤立，唯一理解她心情的只有鄰居。

我對她的失落感、空虛感與憤怒表示理解，並告訴她，在這種情況下，依賴鄰居很正常，也告訴她即使是兄弟姊妹或老朋友，要借出一大筆錢都不是簡單的事，她拒絕鄰居的拜託是明智之舉。

在反覆探索成長過程中，某一天，美英這麼說：「我好像是因為太孤獨了，所以才會過於依賴鄰居，其實我並不壞也不差勁。」最後，美英擺脫了認為自己舉措失當、認為自己是個壞人的感受。

二、承認現實

如果已經透過聆聽自己的情緒，理解到那份羞恥心不是自己的，而是自戀者引發的，下一個步驟就是以現實的目光看待自戀者。俊浩與美英開始嘗試不將自戀者理想化，如實觀察他們的一舉一動。

俊浩想獲得組長的肯定，認為組長自信過人的態度以及擺布他人的領導能力非常「了不起」，這是因為自戀者組長展示自我，以及俊浩本身強烈渴望被肯定的欲望發揮作用，所以當俊浩意識到自己想獲得認可的對象是個「了不起的人」時，被那種人肯定時就會更開心。

俊浩審視內心後，理解到過去自己把組長的缺點理想化了，隨即瞭解組長看似自信的行為，其實傲慢無禮，所謂的領導能力實為剝削他人。俊浩承認現實後說：「我現在沒這麼想被組長肯定了。」

美英把幫助自己的鄰居形容成心地善良的大好人，所以也不覺得鄰居近乎侵犯界線的造訪還有借錢的不合宜要求很糟糕。現在美英仍舊感激鄰居的幫助與陪伴，但是她學會了用新的角度看待鄰居，當鄰居隨意侵犯界線時，她會感到憤怒。美英說道：「她做了很多過分的事，我卻反過來怪自己沒答應她的要求，我對自己很抱歉。」

要改變長久以來的理想化他人習慣並非易事，在此一階段，認知到自己的優點是非常有幫助的。俊浩回想起自己認識組長之前能幹的自己，美英則回想自己之所以能適應陌生環境，自己的努力更勝於鄰居的幫助。透過這種過程，兩人都正確地看見了過去折磨自己的自戀者。

三、制定界線，並堅持下去

在清楚認知到自戀者的真面目後，就進入設定界線的階段。自戀者的最大特徵是無法區分他人與自己，把他人當成滿足自我欲望的對象，不懂如何設定界線。因此，我們要學習怎麼主動設定界線。

設定與自戀者之間的界線，關鍵在於相信自己有控制這段關係的力量，而且能夠完全實踐。雖然說，最簡單的方法是直接斷絕與自戀者的往來，但在現實中，很難澈底斷絕關係。在需要維持關係的情況下，盲目的果絕會刺激自戀者的自戀型暴怒，反而讓自己傷得更重。因此，與其一概保持果絕的態度，不如先用「事情由我控制」的心態來制定適當的妥協界線。

在諮商期間，俊浩也時常因為要幫組長做事，推遲了自己的工作。某一天，組長把俊浩叫去斥責一頓，那時候，俊浩心想：「原來組長是想讓我狼狽難堪，藉此確立自己的權威啊。」他謙和地回應：「不管是幫您做事或做我的分內事，都非常重要。我想是我的能力不足，能再給我一點時間嗎？」雖然「我的能力不足」並非事實，但這種說法能滿足自戀者的優越感，降低他的反彈。組長因為俊浩的話滿足了欲望，翻騰的憤怒稍稍緩解，接受了俊浩的提議。俊浩在諮商所吐露：「看似我在配合組長，其實事情是按我的意思進行，我覺得很痛快。」俊浩就這樣開始主導自己與組長的關係。

美英不想跟鄰居斷絕往來，畢竟住在隔壁，抬頭不見低頭見，斷絕關係反而不方便。美英選擇的方式同樣是畫出適當的界線，在守住界線的範圍內維持關係。美英制定了原則，拒絕鄰居的借錢要求與突然造訪，但會繼續交談，而且不要因為拒絕了鄰居的要求就覺得愧疚，並且告訴自己，這個原則是保護自己的正當舉止。

某一天，美英對突然登門的鄰居說：「不好意思，我現在有急事要出門，妳可以下次再來嗎？」美英當然沒什麼急事，單純想在家休息，她只是用合宜的藉口保障了屬於自己的時間，且第一次感覺自己主導了與鄰居的關係。雖然是白色謊言，但美英不覺內疚，因為她清楚知道這是為了不刺激鄰居自戀型暴怒的明智之舉。

四、建立不同的人際關係

就算我們能控制得了與自戀者的關係，但是面對自戀者仍舊累人，是以霍奇基斯說：「跟自戀者往來的人，必須有會尊重個別性與遵守界線的其他關係，在那些關係裡獲得喜悅，有助減少與自戀者的關係中造成的耗損。」

俊浩為了實踐最後階段，決定重新參加一度忽略的大學同學聚會。俊浩跟許久不見的老朋友見面，無比自在，盡情抒發職場壓力。俊浩說，跟朋友邊喝酒邊說組長壞話，非常痛快。

美英過去把關係「全押」在鄰居身上，現在決定擴大人際網，積極參加孩子幼稚園家長聚會，跟其他媽媽培養感情。此外，她還常打給老朋友，隨著關係的多元化，美英對鄰居的依賴度降低了，維持適當的距離。

自戀人格障礙者（自戀者）具有無法區分自己與他人界線的特性，因此我們要與自戀者往來是非常辛苦的，甚至會感覺自己受到侵犯，更大的問題是，每一種關係都有可能出現自戀。

我們前面看見的親子關係、戀人關係等的親密關係中，也包括了自戀要素，這是因為每個人在出生時都無法區分養育者與自己，都處於自愛的狀態，覺得自己無所不能。或許人類的心理成長就是透過適當的滿足與挫折，學會克服自戀欲望的過程。

美國哲學家瑪莎．努斯鮑姆（Martha C. Nussbaum）在著作《恐懼的君主制》（The Monarchy of Fear）一書中，明確整理如下：「為了實現以相互依存與平等為中心，去與他人共存，所有人都需要克服出生以來所經歷的自戀。」

正如努斯鮑姆所言，只有在彼此平等時才可能實現真正的關係，沒能克服自戀的關係則容易打破自己與他人的界線，變質為支配與被支配的關係，這將使關係變成地獄。為了更好地建立人際關係，區分自己與他人，保持適當距離，克服不健康的自戀是非常重要的。希望大家都不要忘記，保護自己，與他人劃清界線，不僅是為自己好，也是創造真正關係，即人類生存必要條件之基礎。

09 你不需要得到每個人的喜愛

自戀者超越界線，利用他人來滿足自戀的欲望，也有與自戀者恰好相反的人，即為了關心他人而忽略自己的人。這一類人常常會為了獲得他人肯定，投入過多精力，卻無法過好自己的生活。

賢廷一直都很認真生活，從小善良又能幹的她，時常被身邊的大人誇獎「怎麼這麼聰明又善良」，賢廷就像在實踐大人的讚美一樣，對一切都竭盡全力。小學時，賢廷樂於幫助朋友，獲得校方頒發的善行兒童獎；國、高中時，她的成績總是名列前茅，最後用優異的成績考進法律系，而現在的賢廷正在準備律師考試。

賢廷之所以來到諮商所，是因為她的讀書狀況不佳，很容易分心。她說讀書時，總是會想起曾經跟別人相處時所發生過的事，會想起自己對別人說過的話，擔心「我那句話會不會傷害到對方」，一旦她認為自己的某些言行是不禮貌的，就會傳訊息給對方，或是送電子禮券試探對方的反應。在對方還沒回覆時，她就會焦急地等待回覆，直到對方說「沒關係」或「謝謝」。

賢廷不擅長拒絕朋友的要求，就算大考當前，如果朋友約她見面，她沒辦法說出「等我考完再約」這種拒絕的話，反而會勉強自己抽空赴約。只要她每次這樣做，她都會對自己感到失望，結果跟朋友見面也無法盡興，害怕朋友知道自己的心情。

她也愛與同事比較，在圖書館讀書時，她會在意其他同事在讀什麼，甚至偷看對方，一想到「大家都好認真，只有我不專心」就會變得相當不安。她常上社群網站偷看同事的帳號，每當如此，她都覺得自己很落魄，說不想傷害別人卻又有好勝心的自己好像有點奇怪。她問我：「我努力想成為一個善良的好人，可是我會嫉妒別人的成功。人怎麼會有這樣的雙重人格？」而她的問題，清楚點出了現代人的人際關係。

很多人為了成為關心別人的好人而自我檢討，但又忍不住嫉妒社群網站上熟人的日常生活；在對別人的苦衷產生共鳴的同時，又產生「我比他更優秀」的優越感。我們一面感受到關係中的矛盾情感，一面感到混亂，不過這些看似格格不入的心情，其實都是基於同一個原因——渴望獲得別人的正向評價，即渴望獲得肯定的心態。

想要受到肯定的欲望是相當普遍的

法國哲學家暨精神分析家雅各・拉岡（Jacques Lacan）將這種心態稱為「受肯定欲望（Desire）」，這種欲望從小就會自然形成，是每個人都會有的普遍欲望。胎兒在子宮裡感受著與母親在一起的完全一體感，當胎兒在出生的瞬間與母親分離時，便會引起極度不安。無法重回子宮的嬰兒試圖與母親的心理達成一致以克服這份不安，這也是為何孩子會喜歡母親喜歡的東西、想要母親想要的東西，因為嬰兒會把母親的欲望變成自己的欲望，追求一體感，努力獲得母親的肯定。

在我們的成長過程中，這種心態也會擴大到父母之外的其他關係中，我們會渴望追求除了父母之外的人的肯定，為了被讚美「你真是個善良的人」而努力著。拉岡的著名箴言「欲望是他人的欲望」，很好地歸結了人們追求的不是自己想要的，而是他人想要的東西的心態。

在競爭關係裡，賢廷既想成為不傷害他人的善良之人，又想成為成功的人。在韓國社會中，大多數的小孩可能從小就接收到這兩種人是截然不同的觀念，聽大人的話的乖巧孩子會被讚美是「乖孩子」、「善良的孩子」，反之，哭著說出自己意見或固執己見的孩子會被指責「沒教養」。再長大一點，孩子上了學，就會被拿去跟同學比，考試成績比同學好就會被讚美，考試成績比同學差就會被指責「大家上一樣的課，為什麼你只學會這些」。

賢廷也是在這一類訊息滋生的環境中長大的。他努力地讓自己滿足這兩種相反的事情，即成為乖孩子的同時，也成為贏過其他孩子的孩子，因為這既能讓大人開心，也能獲得他人的肯定。

因爲社會觀念而變得矛盾的被肯定欲望

問題是，為了煽動這種被肯定的欲望，現代社會變得更加系統化。馬歇爾．盧森堡在《非暴力溝通》中提到：「在文化的薰陶下，我們都很渴望獎勵，學校會以外在的獎賞鼓勵我們念書；在家裡，我們如果當個乖小孩，就會得到獎勵；如果不乖，就會受到處罰。因此，長大以後，我們很容易誤以為這一輩子做事的目的，就是為了得到獎賞。我們總是渴望別人對我們微笑，拍拍我們的背，說我們是『好人』、『好父母』、『好公民』、『好員工』、『好朋友』等等。我們會去做討人喜歡的事情，並且避免做那些可能會讓別人討厭我們，甚至懲罰我們的事情。」

我非常認同盧森堡的話。我們一直以為獲得別人的肯定是有價值的，但是許多人都因為害怕傷害到人而活得戰戰兢兢，對說出自己想要的東西這件事有罪惡感，賢廷也是這樣。不僅如此，韓國社會又在此一基礎上追加另一個標準：只有競爭中的贏家才能獲得獎賞。

在韓國，競爭有很重要的價值。從入學的那一刻起，我們就按成績順序排隊，贏過同學的人能獲得獎賞，落後同學的人會被責備。這種社會體系使得我們認為只有在競爭中獲勝的人才是有價值的，才能獲得肯定，這也對原本就有被肯定欲望的人來說極具吸引力，所以我們從小就習慣把朋友當成朋友也當成競爭者。賢廷希望同事認為她是個好人的同時，不斷地拿自己與同事們比較，努力想當名列前茅的人，正是呼應韓國社會的這種要求。

儘管被他人認為是好人，但只有在競爭中勝出才能被肯定的情況，會不斷地誘使人們的自我客體化[11]（Self-Objectification）。因此，我們只有獲得他人評價時，才覺得是有價值的，如果不是這樣，就會感到空虛。許多人透過社群網站公開自己的各種面貌，對「按讚數」很敏感，就是想用他人的反應撫慰空虛感，這也是自我客體化的典型範例。

無庸置疑地，這種態度會影響我們活出真實自我，最終我們活著的目的變成了成為他人眼中的好人，滿足他人的期待，取悅他人。

11譯註：又稱物化、對象化，是指透過社會分工區分物我，把某些東西視為勞動的對象，可被控制、操弄、改變等等。

作家德米．查爾夫在《舊傷也能癒合》中提到，終其一生取悅他人而活的人的墓碑上，會寫著這麼一句話：「讓所有人都幸福。除了自己。」沒有人希望自己的碑文寫上這樣的話。

賢廷意識到，自己的人際關係模式讓她感到不自在，她能意識到這點，意味著她接收到「我想過得幸福」的強烈信號，於是她決定與他人的評價劃清界線，製造距離，尋找讓自己成為幸福主體的方法。

10 從他人評價中獲得自由的方法

馬歇爾在《非暴力溝通》裡，將像是賢廷這樣，認知到在生活中依靠他人肯定與評價的人的弊端，進而從他人評價中解脫的過程整理成三階段：

第一階段是「感情的奴隸（Emotional slavery）」，在這個階段的人容易想替他人的情緒負責，會害怕別人心情不好而戰戰兢兢，工作與讀書的目的都是為了讓別人開心。

第二階段是「張牙舞爪的階段（The Obnoxious stage）」，這個階段會認知到自己的生活若是以他人情緒而活，是要付出昂貴代價的。人們會認知到自己過去無視的心聲，對自我形象感到憤怒，所以會經常發脾氣或對別人飆髒話。馬歇爾表示，這種模樣有時會令人反感，故命名為「張牙舞爪的階段」。

等到這個階段過去，人們會進入下一個階段：「掙脫情感的束縛（Emotional liberation）」，在這個階段已經學會對自己的情緒負責，比起他人的評價，能按照自己的標準生活，也能向他人適當地表達主見。

賢廷開始認知到自己老是追求他人的肯定，正處於「感情的奴隸」階段與「張牙舞爪的階段」之間，為了讓賢廷進入「掙脫情感的束縛」階段，我們練習了以下三件事：

1. 把他人的課題與我的課題分開。
2. 記住每個人的想法會不一樣。
3. 表達我想要的東西。

一、把他人的課題與我的課題分開

我們做的第一件事是區分他人以及我各自要負責的事，個體心理學創始人阿爾弗雷德·阿德勒稱之為「課題分離」。阿德勒主張人雖然能藉由勇氣與意志改變人生，但由於被肯定的欲望，導致我們無法活出自我，因此他提出了課題分離作為擺脫被肯定欲望的方法。課題分離是指區分自己的課題與他人的課題，負責自己該負責的，不用在意他人要負責的事，其標準是：「最終要承受這個選擇所帶來的後果的人是誰？」

以賢廷為例，賢廷在乎他人的反應，為此常常焦慮不已。舉個例子，如果她太晚才收到朋友的回覆簡訊或訊息，她會想「是不是我做錯了什麼？」；午餐時間一起吃飯的同事看起來心情不好，她會自責「是不是我說錯話了？」賢廷想替他人的情緒負責，即使那些行動並非她本意或根本沒影響到對方，甚至搞不好她根本沒做過那件事，是她想太多，問題是，對方回覆簡訊或訊息太晚是因為對方遇到的各種情況所導致；午餐時間同事心情不好，只要不是賢廷刻意造成的，就不需要在意。

壞情緒應該由壞情緒的當事人負責，而不是賢廷，賢廷要做的是保護自己，讓自己不被其他人的情緒影響，跟著破壞了自己的心情。

我們每週都在諮商所聊賢廷當週經歷的小故事，練習區分自己跟他人的情緒，還有我的責任與他人的責任。無法專心讀書導致的結果，是賢廷要負起的責任，她應該要融會貫通法學院所學，順利通過律師考試，這才是她的人生，其他人的人生不是她的。但是，賢廷就在爸媽望女成鳳的期待中成長，並學到競爭中獲勝的人才是成功的人的社會標準，因此她擔心自己不專心讀書會落後於人，比起思考自己讀書的原因與如何創造自己的人生，賢廷過去是為了滿足別人的期待而讀書。

她在諮商所逐一整理出「我為什麼想當律師？我為什麼要讀書？」在過程中，她明白了讀書的目的不是為了在競爭中取勝，不是為了滿足他人的期待，而是為了過自己的理想人生。賢廷學會區分自己的人生與他人的期待，把過去放在別人的讀書進度跟讀書量的注意力轉移到自己身上。

二、理解每個人的想法會不一樣

某一天，賢廷提出一個問題：「可是，我要怎麼確定對方不是因為我說的話受傷，是對方自己造成的呢？如果對方真的是因為我說的話受傷，那不應該是我的責任嗎？」

我請賢廷試著回想自己曾經被別人傷害過的事情，她想起了分組工作的事。

「當時要分組工作，有個同事跟大家開玩笑，我聽了卻很不高興，不明白他為什麼那樣說話。當下我的表情很僵硬，但其他同事都不當一回事，只覺得是玩笑，那時候我就覺得是不是我太敏感。」

我告訴賢廷，答案就在她說的話裡。如果賢廷感到不高興的原因是組員說的話，那其他人也應該不高興才對，但大家都聽到一樣的話，不高興的只有她，她認為是自己太過敏感。換句話說，賢廷把不高興的原因解釋成敏感，而這個平凡的小插曲說明了隨著聽的人不同，相同的話也會有不同的解釋。

因為我們對世界各有看法，即使我們經歷一樣的事件、聽見一樣的話也會有不同的反應，就算是帶著不好的意圖說出的話，但根據聽的人的觀點，會有不同的解讀與情緒反應。因此，負責他人的情緒與心情並不是對他人的關懷，反而是一種自私的態度，是一種想用自己的觀點去解讀他人的心情。如果我們懂得尊重別人跟自己的想法會不一樣，我們就應該讓對方用自己的方式去感受與思考，不要想著替對方的情緒負責，而是退一步觀察對方的反應，並表示「你會有那種反應很正常」，這才是人際關係中真正的謙虛與利他態度。

三、表達我想要的東西

賢廷說：「當我理解每個人會有不同想法後，心情變得平靜，減少在意別人的情緒或心情的頻率，學習的專注力也大幅增加了。不過，要拒絕他人的邀約，還是有些棘手。」賢廷認為，以前朋友約見面，她都會赴約，現在突然拒絕他們，擔心朋友會受傷。此外，在分組工作時，遇到無法承擔的事情也很難「說出口」。

「現在我完全明白不必要迎合對方的心情或滿足別人的所有請求，但要怎麼高明地拒絕別人呢？」要高明地拒絕，就要記住「拒絕」其實就是表達我想要的東西。我們對別人說「不」，大多不是為了跟對方唱反調，而是為了適當地表達自己的情緒與欲望，藉此保護自己。

韓國精神科醫生文耀翰在《守好你的心理界線》（관계를 읽는 시간）一書中提到：「情緒表達的核心是表達我想要的東西。」他強調，明確表達自己想要的東西，反而會讓對方感到舒服，如果沒有明確的表達，對方就很難掌握你的意圖，得觀察你的心情，結果只會讓對方感到疲憊。事實不正是如此嗎？對方明確表達「我想吃什麼」

或是「今天不想吃什麼」，就能讓備餐的人更方便。

要是記得「拒絕等於表達我的欲望」，就能輕易找到表達的方法。表達情緒與欲望的主語是「我」，像是「我不想幹嘛」、「我不想做什麼」就是聰明的表達方式，這樣在表達「我」的意思的同時，又能傳遞出拒絕訊息，心理學上稱之為「我訊息（I message）」，既考慮到對方心情又能表達自己欲望，是一舉兩得的事。

賢廷開始學著用「我訊息」表達自己的想法。她對考前約見面的朋友說：「我剩沒幾天就考試了，很難抽出時間，我也想跟你們見面聊天，紓解壓力，但是還有一大堆東西要讀。」賢廷透過這種方式解釋了想跟朋友見面卻抽不出空檔的原因，朋友們當然說下次再見面就行了，還有幾個朋友發了「備考加油」的訊息。賢廷在分組工作時，也表達了自己的想法：「我覺得這部分太難了，一個人好像處理不來，有人能幫忙嗎？」同事們也爽快地接受賢廷的提議，並且覺得跟坦率表達意見的賢廷工作很自在。

賢廷透過課題分離，區分出自己該負責的事情與別人該負責的事情，也記住別人有別人看待與感受世界的角度，進而更專注於自己的內心世界。還有，當她遇到需要拒絕的事情時，她也能用「表達我想要的東西」的態度，坦承地表達真實情感。

人類活在人際關係中，天生渴望被肯定，要我們完全擺脫他人的評價也許猶如癡人說夢，倘若我們過度受他人評價拘束，連自己想要什麼都不知道，那麼說不定在人生最後一刻將會悔不當初。為了不被他人的評價左右，我們在保護自己方面絕對不能怠惰。

如果你覺得很難辦到的話，就回顧一下蘋果公司創始人史蒂芬．賈伯斯的話吧。賈伯斯說過：「你們的時間是有限的，所以不要浪費時間活在別人的人生裡。不要被教條所限制，不要被他人的想法所束縛，不要讓『旁人意見』的噪音淹沒你內心的聲音。最重要的是，要有聽從內心與直覺的勇氣。你的內心與直覺早已知道你真正想要成為什麼樣的人，至於其他的都是次要的。」

11 離得越遠時，反而越加閃耀

當時我和丈夫正在高速公路上疾駛，開車的丈夫皺了眉頭道：「不知道哪裡一直發出嘎吱嘎吱的怪聲，真的很討厭那種聲音，煩死了！」丈夫一手握方向盤，一手拍打車頂，想要讓怪聲安靜下來。

他對我說：「妳聽一下聲音從哪裡來的。」但不管我怎麼聽都聽不出怪聲的來源，甚至我根本就沒有聽見聲音，反而覺得高速公路上急速行駛的車輛引擎聲更刺耳。

每次發生類似的事，我就會再次領悟到我與丈夫是如此的不同。我與丈夫愛情長跑十七年，幾乎天天見面，但在一起的時間越久，就越明白我們的認知是不同的，就像丈夫聽得到車裡的怪聲，我卻聽不到一樣，每個人想法不同，知覺也各異。

既然我們接受刺激與資訊的程度、方式各不相同，我們又怎麼可能用同樣的想法與心情看待世界呢？儘管如此，我仍然希望丈夫能全然瞭解我，和我的想法一致，或許這也是許多人的願望。雖然到最後我們只能承認彼此的不同，但內心總是希望有個人能與我心心相印，完全理解我。

為什麼人們明知彼此的不同，卻仍希望成為一體呢？韓國歌手申昇勳鮮為人知的歌曲〈Interstellar〉，用輕快的旋律傳遞了人們的心情。縱使我們希望與他人的關係能保持一致，不過只有在保持距離時，我們才能變得更耀眼。現在讓我們一起欣賞這首歌的歌詞，替本章收尾。

〈Interstellar〉

I don't believe 曾懷抱相同夢想的我們 uh～
I don't believe 現在走上不同的路途 uh～
I don't believe 我因恐懼而流下的淚水 um～
I don't believe 越遠離越耀眼 in my mind

就像星星遇見黑暗成為光芒　悲傷的記憶也會成為回憶
我們無法擁有彼此　我們在同一片天空下
卻在不同的世界 oh～
你與我之間的宇宙

I don't believe 過去比想像更遙遠的我們 uh～
I don't believe 在不同的時間與空間的我們 uh～
I don't believe 正繞著各自的軌道運行 um～
I don't believe 我們是因為太寂寞才碰撞的吧 in your mind

就像星星遇見黑暗成為光芒　悲傷的記憶也會成為回憶
我們無法擁有彼此　我們在同一片天空下
卻在不同的世界　不是嘛

光靠愛無法做到的事太多
我們現在才明白

讓我們稍微遠離吧
凝視彼此最真實的一面
感受什麼是最珍貴的
到那時，我們會變得更加耀眼

讓我們稍微遠離吧
凝視彼此最真實的一面（會散發光芒的）
感受什麼是最珍貴的
到那時，我們會變得更加耀眼 uh～
耀眼的你與我

Woo～照亮我吧
讓我在黑暗中能找到你

因爲寂寞而碰撞的我們

申昇勳唱著「I don't believe，曾懷抱相同夢想的我們。I don't believe，現在走上不同的路途」吐露認知到「彼此不同」的驚訝，想來這種難以置信的覺悟，使他恐懼到流下淚水，但他承認離得越遠，光芒會更加耀眼。而在下一小節中，他坦承兩人的不同比想像中更多，即「你與我之間的宇宙」，而我們「在不同的時間與空間」中「繞著各自的軌道運行」。

我聽到這一小節，大為驚嘆。歌詞描繪的畫面浮現眼前，不同視角、不同心情乃至不同感受的人在各自軌道上獨自生活的模樣，也許人就是因為繞著各自軌道運行，才會如此孤單吧。「因為太寂寞才碰撞的吧」完美地闡述我們為了填補孤單，運行到別人的軌道，互相碰撞，渴望成為一體，我們在本書前面觀察到的所有關係都是如此。

父母、子女很難把對方視為獨立個體看待；戀人渴望成為一體；自戀型人格障礙者無法區分自己與他人，利用他人；不是為了自己，而是為了滿足他人的期待而活等等，這些生活面貌揭露了，或許我們是因為害怕承認每個人的人生都是獨立的軌道，換句話說就是難以忍受獨處的孤獨，這才想方設法把他人牽引到我的人生中。

一碰撞就想遠離的心

然而，為了避免孤獨而碰撞的力量，必然會造成矛盾。在我們要求對方填補孤獨感的過程中，我們會投射出自己所有渴望與情緒，反之，我們也會全盤接受對方的渴望與情緒，視為是我的渴望與情緒。

你與我之間的界線日益模糊，模糊的界線造成傷害，最終致使「悲傷的記憶」，到了這時，我們又會想遠離他人，獨自生活，明白「我們無法擁有彼此」、「我們在不同的世界，並且正如你我之間的宇宙，你我是如此不同」。無法獨自生活的人類，到頭來只能矛盾地承認，我們是獨自存在的個體。

我們在生活中感受到的痛苦，尤其是人際關係中的矛盾，其根源來自此人類生存的矛盾條件。許多心理學家認為，要突破此問題，最重要的是尋找獨立與依賴之間的適當距離。

客體關係理論大師唐納德．溫尼科特潛心研究獨立與依賴之間的平衡，表示：「自我（Self）在與他人維持親密關係的同時，也處於尋求個體化（Individualization）的苦戰中。」唐納德也提出以下問題：「在母親的照顧下，不遺失自我，發現自我的方法是什麼？兒童能維持來自母親的資源的情況下，又能將自己與母親分離的方法是什麼？不讓自己的內心枯竭又能進行溝通，不被他人迷惑，又能發現自己的方法是什麼？不被他人剝削的同時又能建立關係的方法是什麼？不被他人孤立又能維持自我（Ego）人格的核心方法是什麼？」

● 不遠也不近的距離

能感受到親密感與關懷，也能享受作為獨立個體的有自律性適當距離，或許尋找這種距離，是活在人際關係中卻又獨自生活的人類的宿命。到底什麼才是適當的距離呢？許多心理學家努力尋找答案，並透過各自的理論與艱澀的專門用語解釋，申昇勳卻透過〈Interstellar〉歌詞，輕鬆地闡明了：「感受什麼是最珍貴的。」

在人際關係中，同時滿足獨立與依賴的距離就是允許我去感受「什麼是最珍貴的」距離，它能讓每個人意識到自己擁有的人生目標與渴望實踐的價值，乃至創造出能追求這些又能存活的空間。這個空間不能太大，起碼肉眼要能看得見對方，感受得到對方的光芒。

申昇勳唱道：「讓我們稍微遠離吧，凝視彼此最真實的一面。」換言之，彼此保有追求自己認為重要事物的空間，又能看見對方的真實一面，維持這種距離的我們就能在不侵害對方界線的狀態下，互相依賴過活。

為了做到這一點，我們都要尋找屬於自己的珍貴事物，發出專屬於我的光芒，這樣才能活在自己的軌道上。當需要幫助的時候，立刻能認出對方的光芒，伸手相助，也正是申昇勳迫切演唱的最後一小節「照亮我吧，讓我在黑暗中能找到你」的意思。

既然如此，我們需要懷抱什麼樣的心態才能維持適當距離呢？我認為是相互尊重，虛懷以待的心態。讓我們再次回到我與我丈夫在車裡的情況吧。如果我因為沒聽見丈夫聽見的怪聲，就責備說：「我什麼都沒聽到，你是聽到什麼啦？」那麼夫妻免不了大吵一架。但是，我沒有特別站出來表示我沒聽見怪聲，也沒有刻意弄清楚他聽到究竟是什麼聲音，只是尊重他聽見的聲音，丈夫也是一樣。我們沒有刻意理解對方，只是尊重對方的知覺與想法，儘管丈夫跟我的知覺天差地遠，我們卻不會因此爭執，能在各自的軌道上生活，互不碰撞。

每個人都用不同的的心態活在不同軌道上，有各自的世界，所以不管是多親密的關係也不可能完全理解對方的世界。我們要理解的是：每個人都有不同的心情、知覺、感覺、想法與行動，用虛懷若谷的態度去看待對方，在我無法理解或不喜歡的情況下，也能尊重對方。我相信，尊重是讓自己與他人能在各自的軌道上發光的同時，也互助共生的唯一方法。

第 3 章
和干擾我們生活的世界
劃清界線

01 跨越偏見的牆，才能活出自我

至今為止，我一直強調用較遠的目光審視自己，與他人畫出適當的界線，創造距離，尊重彼此的不同，就能活出自我。我想只要是精讀了前兩章的讀者，就會相信這樣的努力能讓我們變得幸福。不過，我還沒說到最重要的關鍵，那就是建立一個能讓我們活出自我的社會。

在過去十五年，我身為心理諮商第一線工作人員，見過許多人，也跟他們一起度過走向真正人生的感動時刻。在諮商結束時，不少來談者從長久以來折磨自己的傷痛、強迫性思維以及地獄般的人際關係中解脫，如釋重負。每次我與他們道別時，我都全力支持他們走出諮商所後也要保持現在的改變，令人失望的是，回到日常的諮商者總是會遇到類似的問題。諮商所外的社會一如往常地折磨他們，一些來談者屈服於社會，回到老樣子，也有一些來談者依靠在諮商所培養出的理解力，感知社會的不合宜，竭盡全力與其抗爭。

每次我在事後追蹤諮商，發現來談者有這樣的狀況時，我就會想起一個老派的說法：人類是社會性動物，一個人的積極改變也會正面影響到周遭的人，雖然這正面影響的範圍有些渺小，但也能累積成巨大的變化。然而，我們的社會環境有時反其道而行，殘酷地壓制了一個人努力活出自我的勇氣，讓我們被他人、被社會蹂躪。本章將敘述關於這類型的社會文化背景，並說明我們要如何創造出能鼓起勇氣追求自我人生的條件。首先，我們要覺察到深度滲透於社會的成見與偏見。

那些「看不見」的人們

某個寒冬夜，我與孩子走在大邱市區，四處都是美食餐廳跟電影院。在一個大型電影院的大樓前，我看到一名坐輪椅的中年男士進退兩難。好不容易滑上大樓玄關入口的他正努力打開大門，他用一隻手用力推門後，迅速地轉動輪椅的輪子想進入門內，還沒進去，門卻又關上了。當時，我與孩子正要走向大樓停車場，在對街人行道看見這個情景，心中七上八下，深怕門關回來時會打到他，或是門的重量把他推出來，害他從入口摔下來，於是我與孩子連忙跑過去抓住大門。

就算是像我這樣身強體壯的成年人，都覺得那扇門很重，好在那名男士趁我們替他抓住門時，順利進入了大樓。我們三人並排站在電梯前，我與孩子按了電梯向下的按鈕，他則按了電梯往上的按鈕。在有些尷尬的沉默中，電梯來了，那名男士沉默地從輪椅上掛著的黑色袋子裡拿出餅乾，扔給我的孩子，用眼神表示「給你吃」的意思後，就搭電梯離開了。

他的眼神很溫暖，但我的心卻很沉重。為什麼這麼大的大樓，卻沒有設置方便輪椅人士進出的通道與大門呢？為什麼我們這麼不擅長與稍微異於常人的人一起生活呢？

正如大家在第二章讀到的，在「別人跟我是一樣的」的前提下，會侵犯到人與人之間的界線，妨礙我們享有尊重與被尊重的平等生活。但如果所有人都認為「別人跟我是一樣的」，就會產生偏見、歧視、疏遠與排斥。

那些設計這棟大樓的人只是純粹想要建造一座美觀又堅固的建築物而已，並不是懷有惡意，但因為他們以「所有人都跟我一樣」的思考為前提（所有人的四肢都健全，行動自如），所以他們完全沒想到有人會跟那位坐輪椅的男士一樣，在進出大樓時會感到不便。

這些事不僅僅發生在像身障人士這樣的少數族群身上，一但大家都認為「所有人都跟我們是一樣的」，那麼大家便會忽略掉個人的多樣性，導致「我們都是不同的」這一前提消失，就會犯下混為一談的錯誤——把一個人的獨特性誤認為那就是那個人所隸屬的團體特性，進而譴責整個團體。當這些錯誤被視為理所當然時，固有概念及偏見便會在我們的日常生活中根深蒂固。

把個人與團體混淆的人們

二〇二〇年夏天，新冠病毒席捲全球，當時我們一家人到還沒發生疫情的鬱陵島進行短暫的夏日家庭旅遊。我們戴上口罩，隨身攜帶手部消毒劑，隨時隨地進行消毒，進入每一個旅遊景點都量體溫並記錄，澈底遵守防疫守則，最後平安搭上回程的船，替美好的旅程收尾。

當時首爾因為是宗教集會場所的中心，導致確診者暴增，我在船上看到新聞說某教會出現群聚感染，其中有一名女性確診者曾造訪鬱陵島。據說，該女性結束鬱陵島旅遊之後，回首爾便確診了。我發現她的旅遊時間與我們家的旅遊時間有部分重疊，我與丈夫互相安慰，要是路線重疊導致我們家也有感染風險的話，我們一定會收到官方通知的。

就在那時，後座的乘客似乎也看到相同新聞，但乘客們這麼說：「首爾人的問題就是愛上教會！」跟確診者同時間、同地點旅遊會感到不安很正常，但這名確診者只是一個個案，後座乘客卻把所有上教會的人與首爾人都視為確診者，這是把一個人與那個人所隸屬的團體視為「相同」而產生的錯誤。在那之後，他們用濃重的方言痛斥上教會的人與首爾人，不僅如此，他們還把確診者當成犯人，把自己當成了受害者。

仔細想想，確診者不也是受害者嗎？哪有人是故意確診的呢？人們對新冠病毒的不安與恐懼誘發了偏見，造成受害者被當成加害者的荒謬情形，無辜的受害者被當成憤怒宣洩的對象，乃至蔓延到受害者隸屬的團體。

偏見，就像迴旋鏢一樣會返回

我們的日常生活就像這樣，沒有惡意卻不自覺地用言語或行為排斥、評價與歧視他人，這一類的成見跟偏見滲透於日常各個角落，這樣的想法就像迴旋鏢一樣，不僅僅是對著他人，也會重新回到我們身上，讓我們無法過得像自己，最具代表性例子就是「像個～一樣」。

「像女人一樣」這一類的話，蘊含著父權文化社會所形成的女性刻板觀念，也就是替女性設定了「女人就應該要柔弱、依賴、發揮母親的作用」的前提。當女性想要擺脫這個前提，獨立生存或不想生小孩時，必須承受眾多的社會制約與他人嚴厲的目光；「像男人一樣」也一樣，許多男性為了符合社會對男性的偏見——「堅強、獨立、不會感情用事」而壓抑情感，抑制著依賴他人的欲望。

在韓國社會，許多青少年被灌輸「學生要有學生的樣子」、「學生要準備大學考試」的觀念，像機器人一樣埋首苦讀，沒機會去認識真實的自我，這種社會偏見也讓培養學生一技之長的技職學校學生常被認為是不務正業。此外，如果年長者展現出不同於這個世界認知的老人面貌，就會被譏嘲「真了不起」。

像這樣，如果我們都在「所有人都跟我一樣」的前提下思考與行動，就會讓少數有著特殊面貌的人被迫成為弱勢的人，這種隨處可見的想法，其實都在無意中影響著每個人的生活。若是不尊重個別特性，把個人與團體混為一談，並將個人特性視為整個團體的特性，從而對整個團體產生偏見，反而會譴責、歧視、排斥背離團體特性的個人。

仔細觀察周遭吧。有多少人為了「像個～一樣」，不敢脫離團體，而放棄真實的自我呢？社會上這樣根深蒂固的偏見，其實早已深植在我們心中，在我們還來不及覺察之前，就已經有很多人是配合著社會偏見而活著的。長久以來，這個世界把這樣的人生稱為「適應」，並視為「正常」。

《幸福綠皮書》（Green Book）是以一九六〇年代為背景，描述屬於少數族群的非裔美國鋼琴家與多數族群的白人司機的電影。在電影中，鋼琴家唐納．雪利這麼說：「我又不像白人，也不像黑人，也不像男人，我到底是什麼？」這是他對只看重符合社會標準世界的抗辯。

活著不能像自己，一定要符合「像～一樣」的標準嗎？不符合「像～一樣」的話，就會對社會構成威脅嗎？我相信，只有尊重他人「不像～一樣」的自我認同（Identity）社會，才有可能實踐第一章與第二章的內容。

我堅信，當每個人的多樣性受到尊重時，這個社會的多樣性力量就能創造出更美好的世界，並再次形成良性循環，人們也會越來越接受這眾多的多元性、越來越尊重每一個個體。

或許，我們要活出自我，就是要與隱藏在內心深處的各種偏見搏鬥。在本章中，我們將會一起觀察社會的價值觀與偏見是如何滲透了我們的日常，無形中制約了生活，並思考如何與它們劃清界線的方法。

02 我們的心會受到這個世界的影響

彩妍第一次走進諮商所就落淚說：「我真是一個糟糕的母親」，我遞出衛生紙，要她慢慢說。

「我是職業婦女，工作讓我很有成就感，我也很自豪，所以就算生了孩子我也不想放棄工作。我努力兼顧工作、育兒跟家務，雖然睡眠時間不足，但我認為我全力以赴了。可是，我小一兒子的班導不久前打給我，說兒子在學校跟同學打架，上課時很散漫、不專心，要我多注意小孩。我覺得自己好像做錯了很多事，太鬱悶了，不知道該怎麼辦。」

彩妍再也說不下去，淚流不止，我從淚水中讀得出她為了生活付出的努力，為了善盡被賦予的角色職責與身為母親的沉重責任感而戰戰兢兢。我陪著她，直到她慢慢停止哭泣。

河俊來到諮商所的時間已經很晚，滿臉疲憊的他垂頭喪氣，看起來好好睡一覺似乎會比諮商更有用。

他說，在公司的每一天，都像活在地獄一樣。

河俊的夢想是成為心理諮商師，他從小就喜歡與人交流，他認為傾聽朋友的煩惱是很有意義的事，所以大學也讀心理系。但大學畢業想繼續讀研究所時，父母強烈反對，覺得大男人當什麼諮商師，諮商師是一份不穩定的職業，勸他進大公司上班。當時他與女友愛情長跑多年，為了婚後的穩定生活，他屈就現實，成為中堅企業的員工。

他享受新婚的溫暖，跟妻子在一起規劃未來藍圖，一開始還算過得去。隨著孩子的出生，事情有了改變。家裡永遠亂七八糟，妻子總是用疲憊的模樣迎接他，他在家裡發脾氣的頻率越來越高，會罵妻子「家裡這是什麼鬼樣子」，類似情況頻繁發生，現在十八個月大的孩子一見到爸爸就放聲大哭。河俊傾訴著：「我也不想這樣，我想當個好父親、好丈夫，但就是有股無名火，我不知道我為什麼會變成這樣。」

乍看之下，彩妍與河俊被截然不同的問題所困擾，但其實他們有著相同的根本問題，那就是父權文化。

一個讓我無法做自己的社會

許多人認為心理諮商的過程中，大多是在處理來談者的心理問題，或者是處理有直接影響的養育者（父母、家人）或親近的人（家庭、伴侶）之間的關係。實際上是這樣沒錯，不過心理學家始終有種感覺，覺得專注於個人的心裡諮商是有局限性的，到最後才意識到一個人的生活中會有家庭、有學校，意思是會對一個人產生影響的不僅是那個人的工作地點，那個人所屬的社會文化、秩序、結構也會造成影響。近來，心理學家對此提供「多元文化社會正義諮商」，即考慮個人所屬文化的多樣性，幫助個人擺脫社會壓迫、逼迫與歧視，至今也還在積極研究此一主題。

父權文化是對個人心靈產生巨大影響的社會文化之一，縱觀古今，父權文化長時間滲透到人類社會結構、文化與個人內心。女權主義者暨心理學家卡羅爾・吉利根（Carol Gilligan）的著作《加入抵抗》（Joining the Resistance）明確地說明：「父權文化是以性別為基礎奠定的生活秩序。在父權文化中，父親在家庭、宗教與文化皆享有權力與權威，『男性化』與『女性化』是用來描述人特質的詞彙，前者享有的特權遠比後者多。男性被分為成年男性與青少年，兩者之間也有優勢高低之別，但無論如何，所有男性都比女性占優勢，父權文化形成了支配性秩序。另外，父權文化將父親獨立於母親、女兒與兒子，把人類的特性分成男性化與女性化，所有人都被自己的一部分分離出來，造成精神世界的分裂。」

在父權文化秩序嚴謹的社會，人會被分成男性與女性，各自在各自的刻板觀念中生活，舉例來說，女性要「依賴與負責照顧」，男性要「堅強、獨立、成為經濟支柱」。若有男性或女性脫離自身應符合的刻板形象，就會變成眾矢之的，自己也會覺得自己不符合社會期待，彩妍與河俊就是如此。

必須照顧人的女性與壓抑情緒的男性

彩妍遵循傳統性別角色的定義「照顧孩子的責任歸於女性」，很看重身為母親的責任與角色認同感，不過她同時也希望自己不放棄現代社會女性被允許獲得的社會成就，也努力扛起育兒義務所帶來沉重的壓力。

當一名成功女性要承擔的責任與義務過重，就算再努力實踐「要盡到母親的角色」與「透過工作展露真實的自我」，也會逐漸陷入困境，加上同時遵照兩種相反的觀念生活而帶來的精神分裂，會更加劇彩妍的憂鬱與內疚，彩妍的心理痛苦就是來自這樣的社會文化。

相反地，韓國社會一直要求男性要堅強獨立並擁有經濟能力，照顧人不是男性的職責。雖然河俊的夢想是照顧來談者的心理諮商師，但他為了合乎父權文化下的男性特質，接受了父母說諮商師是不適合男人的職業，做了自己不喜歡的工作，覺得自我漸漸消失而感到失落、憂鬱與悲傷。問題是，社會向來不容許男人脆弱，因此河俊用發脾氣取代憂鬱與悲傷。他在公司不會表露憤怒，回到家，父權文化下的弱者，也就是妻子與孩子便成了他宣洩怒氣的對象。

女性認真工作、不育兒，真的是需要內疚的事嗎？照顧人的責任非得母親一肩承擔嗎？男人真的不能表露傷心與真實情緒嗎？男性當諮商師，扮演照顧人的角色，是真的有問題的嗎？

彩妍與河俊在諮商過程中，重複使用了「鬱悶」一詞來描述自己的心情。鬱悶是人們感覺某種東西把我們囚禁或束縛起來時才會有的情緒，我與他們仔細地觀察了憂鬱的情緒，決定跟導致他們憂鬱的原因劃清界線，並尋求獲得自由的方法。

03 打破我心中的成見

我們幾乎感覺不到空氣的存在，但是只要失去空氣，人就無法好好生存，而像空氣一樣圍繞著我們的社會文化也是如此。我們之所以察覺不到父權思維與文化，是因為這樣的觀念早已自然而然地融入了我們的日常，即使我們能符合「妳必須像個女人」或「你必須像個男人」的二分化標準，但不平衡的等級秩序終究會帶來窒息感。

我們的心偶爾會發出訊號，當你覺得憂鬱、不安、生氣、煩悶，好像哪裡有點不對勁卻說不出來的時候，就該傾聽內心的聲音。要是一味地告訴自己「每個人都是這樣生活的」、「忍一忍就沒事了」，無視內心的聲音，就無法擁有完整的人生。

彩妍與河俊在聽見自己內心的聲音之後，想知道那個聲音想告訴自己什麼，而我也很欣然地願意陪同他們，一起找尋答案與意義。

感知自己的情緒，並理解其背後的脈絡

想明白內心的聲音，首先要充分表達情緒，並替情緒命名。當我們學會用語言表達內心無法言喻的情緒，並與情緒產生共鳴時，情緒與我們之間就會產生適當的距離，接下來我們才有足夠的時間思索心的聲音源自何處。

我給了彩妍與河俊充分的時間訴說他們的情緒後，再問他們覺得鬱悶時有沒有想到什麼想法、人或是畫面。彩妍想起娘家媽媽，說：「我媽真的是大總管，傾注心血照顧我們三兄妹，也把我爸照顧得很好，又是一個賢慧的媳婦，我想當這種母親。我媽常說：『婚後要對老公好一點』、『比起照顧娘家，先照顧婆家，這樣才會得人疼愛。』因為這樣，我一直努力達成媽媽的交代。」

我建議彩妍仔細回想媽媽對她有過哪些叮囑，並思索為什麼會過那樣的生活。她想起了媽媽的媽媽，也就是她的外婆，也想到了身邊的其他女性，便明白到自己長久以來接收的，是韓國社會中，女性只有在扮演好賢妻良母角色才會受人尊重的觀念。

我問她，努力按照她所接收的訊息過生活時，是否覺得幸福？

「不，完全不是那麼回事。我努力成為我媽說的那種女性時，總覺得自己很不幸。我很氣也很內疚，我怎麼老是這麼憂鬱、覺得悶，覺得痛苦。」她接著說：「說

到底，我沒有做錯任何事，我可能是看見媽媽跟外婆的生活方式，受到社會文化的影響，覺得『女性就是得像那樣子』，結果感到內疚。」

我與河俊的諮商也差不多是這樣。經過幾次諮商後，河俊吐露了之所以會感到鬱悶與憤怒，是覺得自己無法過想要的人生很委屈，那之後他想起了父親：「我跟我爸沒兩樣，家裡有人生病或受傷，我爸就會爆跳如雷。很荒謬吧。有人生病應該要安慰病人、照顧病人才對，為什麼要生氣？但我覺得我現在變得跟我爸一樣。」

我問他爸爸為什麼會是那個模樣的，也跟河俊一起觀察了爸爸的兄弟、爺爺與周遭男性的生活，河俊終於也醒悟，道：「這不僅僅是我個人問題。韓國社會的男人沒學過怎麼正確表達自己情緒，被灌輸男人就是要負責照顧人的觀念，所以我才會變得跟我爸一樣。」

我很高興他們發揮了卓越的洞察力。

彩妍與河俊觀察自己周遭環境，在社會背景中理解自己的內心，感到暢快卻也混亂。暢快來自於他們擺脫了「原來都是我的錯」的想法，明白問題不是出在自己，而是外界，不再有過度的罪惡感。不過，他們同時也很混亂，懷疑自己真的能擺脫社會文化的巨大影響嗎？在這種社會下，真的能產生變化嗎？我們開始尋找造成這股混亂的答案。

實踐於日常生活中的微小變化

老實說，透過諮商改變社會文化是痴人說夢，但諮商能改變來談者的個人生活。一個人的日常生活產生變化，會影響到那個人身邊的人，如果這種變化持續下去，即使緩慢，社會也會隨之改變，於是彩妍與河俊決定改變自己的心態與日常。

彩妍先進行減輕罪惡感的練習，儘管她已經明白到自己經歷的困難錯不在己，但韓國社會熟悉的「女性擔任照顧人的角色」這一傳統觀念已經深植於彩妍腦中。當孩子學校聯絡家裡，或因為工作無法替家人準備晚餐時，也就是彩妍覺得自己沒盡到照顧者的角色時，她就會被「我是個糟糕的媽媽、糟糕的太太」想法所困擾。我們試著練習，每當出現這種想法時，她要對自己說：「這種罪惡感是被強迫的，我工作並不會對不起任何人」。

同時，為了不讓照顧家裡的責任落在彩妍一個人身上，彩妍決定要求丈夫分擔家務與育兒，我們為此練習了「我訊息」對話方式，以誘導行動產生具體變化。前面提過，我訊息是用「我」為主詞表達自己意見的方式，「我訊息」不會對對方說「你來照顧孩子」這類的命令句，而是說「下班後我一個人照顧孩子很累」，這樣的說法既能體諒對方，又能明確表達自己想法，十分有效。彩妍用這種方式屢次對丈夫表達意見，丈夫也慢慢地分擔起育兒與家務。

至於河俊，因為他每次出現負面情緒時就會發火，因此我們先練習如何區分情緒。我們每個禮拜都在諮商所聽他描述生氣的瞬間，並仔細觀察當下的情緒是憤怒、悲傷、憂鬱、不安或挫折等等。此外，我要求河俊每晚練習記錄當天三種以上的情緒，河俊藉此過程逐漸明白情緒的多樣性，並試著用生氣形容每一種負面情緒會引發什麼樣的人際關係問題。

某一天，河俊說：「幾天前我下班，家裡又亂成一團，我很想發脾氣、大吼大叫，但我沒說任何話。我洗完澡出來告訴我太太，其實我最近很累，我邊喝啤酒邊告訴她我一直都想成為一個心理諮商師，也告訴她因為我現在在勉強自己做我不想做的事，所以很憂鬱，也很不安，我卻老是用生氣去表達這些情緒。太太嚇了一跳，很感謝我坦白這一切。」

河俊說沒發脾氣，而是坦率地表達自己的情緒後，心情變得稍微平靜了。

讓變化持續下去的方法

彩妍、河俊和束縛自己的父權文化劃清界線，然而，長久以來的心理習慣是不會這麼快就能改變的。」彩妍說，有丈夫分擔家務與育兒，日常變得輕鬆許多，但每次看見丈夫做家事或照顧孩子時，愧疚感油然而生，也還有一些老毛病沒改掉，所幸彩妍夫妻都表示：「我們不想再回到過去，所以我們會繼續尋找改變的方法。」

彩妍透過與公司同事的對話，瞭解到不是只有自己才有這種煩惱。某位同事介紹了一個職場婦女的網路社團給彩妍，彩妍與網友聊天，瞭解到有很多女性都跟自己一樣活在鬱悶之中。大家聚在一起的互相安慰與安全感，成了彩妍勇往直前的力量。彩妍說，為了讓自己的孩子能活出自我，這種變化是必要的。

河俊的情況跟彩妍稍有不同。河俊沒有跟自己有同樣煩惱的盟友，身邊的男同事認為用憤怒表達情緒是天經地義的。河俊說，他對這種氣氛很失望，也許是韓國社會並不認為這種有男子氣概的特質是不適切或令人不舒服的吧。幸好河俊可以自己找關於父權文化對男性產生影響的相關書籍閱讀，藉由閱讀相關書籍，持續變化。

彩妍與河俊從社會文化背景理解了自己的生活，認知到自己是擁有改變力量的，並把這種力量用在與父權制劃清界線，我與他們的諮商也到此結束了。在三個月後的追蹤諮商中，我們再次見面，彩妍跟丈夫分攤育兒與家務後，變得更有安全感，對身為職業婦女一事也有了更多的自信；而河俊的變化更鼓舞人心，河俊的太太一直鼓勵他去上諮商研究所，河俊也正在規劃著屬於自己的新未來。

韓國作家金炯景寫的精神分析隨筆《為了男人》（남자를 위하여）中這麼寫著：

這是我在某個文學活動慶功宴上發生的事，某位年過花甲的作家想讓氣氛變得舒服，這麼說：「我這輩子裝男人裝得很辛苦。」

作家的聲音很平靜，但在那瞬間我不自覺地產生深深的理解與共鳴，不自覺地提高嗓門道：「前輩，我這輩子裝女人裝得很辛苦。」

如文中所述，在父權文化根深蒂固的社會，許多人都在偽裝成男人或女人生活，但如果我們只按照社會標準生活，將無法活出完整的自己，最後可能會在「很辛苦」的嘆息聲中結束人生。所以，如果你的心情跟彩妍或河俊一樣，像被什麼勒緊而感到鬱悶，請傾聽內心的聲音吧，然後實踐當下能改變的事。

我相信，透過這種努力，總有一天我們不會再被「妳必須像個女人」或「你必須像個男人」的二分化標準束縛，每個人都能活得更像自己。

04 離開家人，尋找自我

恩浩：「爺爺，你許了什麼願？」

德出：「嗯……這個啊……」

海男：「第一是孩子的工作順利，身體健康；第二，我們不要造成孩子的壓力跟痛苦，就求這兩件事。恩浩，到了我們這把年紀，別無所求了。」

這是二〇二一年打動許多人心的電視劇《如蝶翩翩》第一集中的某一場戲。在爺爺德出的七旬壽宴上，孫女恩浩問吹熄蠟燭的爺爺許了什麼願望，但是德出還沒來得及說出自己的願望，德出的妻子海男便搶著回答。家人們聽見海男的答案都連連點頭贊成，認為「當然是這樣的」，而爺爺的生日願望卻變成祈求全家人健康。

在那之後，大兒子聖山嘮叨弟弟聖官與妹夫榮日。聖官兩年前還是個醫生，現在成了無業遊民，榮日是每次選舉都落選的政客。聖山的嘮叨讓七旬壽宴的氣氛瞬間冷掉，家人反駁聖山說的話，聖官卻大聲道：「因為是家人我才說的！」對此，聖官嘆息道：「沈聖山的家庭主義有夠煩人的。」

看到這場戲，我想起許多因為家庭關係而感到辛苦的來談者，有因為讀書壓力很大，但為了「讓爸媽高興，我得讀書」的國三生；有想做音樂卻因家人反對，考進經營系，卻無法喘息的大學生；有因為孩子重讀而覺得沒臉見親戚的母親；家人催促「相親」，因而離家出走的三十多歲不婚主義者……在這些人的訴苦中，藏有劇中聖官說的「煩人的家庭主義」。

「我們」優先於「我」的家庭主義

「家庭主義」是指對家庭的重視大於個人，而韓國社會隸屬於團體主義文化，並以孝為本，強調身體髮膚受之父母，家庭主義非常強烈。

在家庭主義社會中，家庭比個人更重要，「我們」比「我」更重要。「我」並不是一個完整的個體，而是作為「我們」之中的一員而存在的，父親應盡人父之責，母親應盡人母之責，兒女則應活出父母期待的樣子，這種態度使得家庭成員之間關係過度親密，你我不分，反而把家庭成員的人生當成了自己的人生。

這種家庭主義是許多來談者傾訴內心痛苦的主因，就像爺爺德出沒能說出自己的願望一樣，許多來談者努力實現的不是自己的夢想，而是家人的夢想。對某些人來說，自己在家庭中扮演的角色遠比自己的人生重要，這讓他們留下深深的心理創傷。

前面我提到「為了讓爸媽高興而讀書」的女國中生，因為承受不住壓力而陷入重度憂鬱中；為了家人想要的穩定生活而進入經營系，放棄自己夢想的女大學生試圖自殺，最終住院治療；因為孩子重讀而憂鬱很長一段時間的母親變成了「宅女」；宣布不婚，離家出走的年輕人因為與家庭疏離以及內疚而感到痛苦。

對這些人來說，家庭宛如限制人生的監獄，不僅如此，家庭主義使得我們排斥其他家庭，把自己的家庭跟其他家庭加以區分。韓國社會上認為的正常家庭是生理性別女性的媽媽，生理性別男性的爸爸以及子女組成的家庭，除了「正常家庭」外，其他家庭往往被視為不正常。單親家庭的孩子畫完一家人後會覺得丟臉，韓國綜藝節目《我家的熊孩子》（미운 우리 새끼）等節目，把不婚的人當成是造成家人困擾的「討人厭的孩子」，而這個節目之所以能變成長壽節目，就是受到家庭主義的社會風氣影響。

家庭背景固然多元，但這種社會風氣，會使得想要依照「我（自己）」生活的人退縮不前。認為我的夢想比家人重要的人，會擔心「我是不是很自私」，而在「不正常家庭」——即與正常家庭組成結構不同的家庭下長大的人，會覺得自己是不是不適合這個社會。

那麼，如果想擺脫家庭主義的影響，成為更完整的自己，該怎麼做呢？《如蝶翩翩》一劇透過爺爺沈德出的改變，描繪出家庭主義的瓦解，家庭成員分別活出自我的過程。讓我們透過沈德出爺爺與爺爺一家人的旅程，學習與家庭主義劃清界線，保護自己的方法吧。

七十歲開始學芭蕾的德出

德出被音樂吸引，看見采祿的芭蕾舞姿，被勾起跳芭蕾的兒時夢想。德出努力地說服覺得荒謬的采祿與采祿的教練昇主，終於踏上學芭蕾的旅程。德出戰戰兢兢地怕家人知道自己跳芭蕾，找藉口離開家，其實是去芭蕾補習班，背著妻子海男洗芭蕾舞服，結果還是被海男發現。

海男發脾氣說：「不要造成孩子的麻煩，你就待在家看看電視，去家附近散散步，高雅地老去吧。」德出對海男的反應感到失望，但他告訴采祿：「我太太不喜歡我跳芭蕾，但我不怕她反對。」話雖如此，德出在家人面前還是會心虛，采祿建議「正面突破」，拍下德出的芭蕾練習照，因此德出把照片傳給家人，宣布「我要跳芭蕾」。

德出一家人因為德出的宣言召開家庭會議，也就是說，德出要跳芭蕾這件事不是德出一個人的事，而且是正常家庭不該發生的事。德出一家人擔心德出學芭蕾會變成家門之恥，害怕「其他人知道會說什麼」，無法接受德出背離普通爺爺應有形象，認為「老人家就是應該去爬山啊」，這些都體現出他們的家庭主義思維——比起「個人」沈德出，更應該優先考慮沈德出在家庭的作用還有家庭的面子。

德出雖然感到苦澀，也因為家人的反對而猶豫，但他沒放棄，默默地跳著讓他覺得「我還活著」的芭蕾。德出不被他人目光左右，懂得尊重自己，堅守對自己更重要的東西，我認為這是他「尊重自己」的態度。

心理學家卡爾・羅傑斯表示：「當一個人活得更像自己，那個人所產生的變化也會影響到周遭的人。」在這部電視劇裡也是如此，德出的自我尊重成為劇中其他人物的榜樣，原本只忠於家庭角色的家人們逐一尋找起自己。

●回顧各自的故事

德出的髮妻海男是最先有了變化的人，長子聖山某天看見穿上芭蕾舞服的父親德出，表達出越線的憤怒道：「子女沒芭蕾重要嗎？」目睹這一幕的海男想起了德出的人生，而不是身為一家之主、父親或爺爺的人生。海男看見一輩子為家庭奉獻的德出渴望做自己，因此想起德出的人生故事，把德出視為「一個人」，並成為德出可靠的援軍。

所謂的一個人的人生故事，也就是那個人出生、成長到現在的過程，並且把那個人視為一個「人」，而不是某個「角色」，又因為德出能回顧自己的人生，所以他能夠擁有不失自我尊重的態度。德出與海男的態度逐漸感染到其他家人，變成家人們書寫各自人生故事的原動力。

孫女恩浩過去為了迎合家人的期待，一心渴望進入大企業，如今她不顧父親聖山的反對，開始尋找能讓自己幸福的事物；恩浩的母親愛蘭擺脫了為人母與人妻的生活，藉由工作實現自我；德出的女兒聖淑放棄了長時間的求子之路，放棄了生小孩，放棄跟別人一樣建立正常家庭的想法，這可以當作是她接受界線，忠於現在生活的決心。

原本放棄醫生之路，對未來徬徨的小兒子聖官，用相機拍下得了阿茲海默症卻不放棄的父親的模樣，從而找到人生意義。也許當初聖官辭去醫生一職並不是想追求什麼，而是想捨去作為醫生所產生的自我懷疑，所以在他離開醫院後也沒有找到適合自己的人生。不過，當聖官看著德出，領悟到醫生能替他人延長生命的時間後，找到身為醫生的使命，並認為自己一定能成為一名好醫生。

最後，就連最食古不化，堅持實踐家庭主義的聖山也產生變化。在這部劇的後半部，聖山在公司陷入困境，聽說這個消息的德出拿出棒球手套送給他，聖山因此想起自己的棒球選手夢想。聖山不是作為一家之主或長子，而是作為一個人回顧了自己，之後在妻子愛蘭的支持下，向公司提交辭呈，在棒球隊展開新人生。

分享時間，記住彼此的家人

德出一家人就這樣擺脫了名為「我們」的團體，變成「你」與「我」。在這部劇的最後一集，一家人一起看德出的表演，齊心協力替德出加油，他們也從德出的樣子回顧了做自己的意義。聖山看完表演後告訴女兒恩浩：「妳也去做妳喜歡的事，會讓妳幸福的事。」這是象徵自我尊重覺醒的沈家人走向「尊重他人」的一幕。

在最後一集裡，沈家人的人生不再是為了盡到家庭責任的角色，而是為了自己的幸福而活。家人之間互相支持與關愛，有時候只是給予關注，但有了改變後的家人，比第一集中說「因為是家人」而互相束縛的模樣看起來更幸福。沈德出爺爺展現出尊重自己的一面，也替家人們創造出契機，得以寫出各自的人生故事；沈家人也擺脫了家庭主義，誕生了真正的家庭面貌——尊重「你」與「我」，互相真心支持與關懷。

結局敘說了三年後，德出的阿茲海默症變得嚴重，只能依靠海男與搬到隔壁的女兒聖淑照顧，不過德出表示想搬進療養院。德出說：「我住的地方由我自己決定。」或許是因為家人的懇切請求，德出最終沒搬進療養院。他沒搬進療養院的原因，也許是因為家人的照顧是發自內心的選擇，而非忠於家庭主義的義務，因此他們看起來並不疲憊。

采祿成為國際芭蕾舞者回國，沈家人像迎接自己家人一樣歡迎采祿。如果他們還覺得名為「我們」的家庭很重要，他們就不可能會這麼歡迎不屬於這個家庭的采祿。對恢復「你」與「我」個體性的沈家人來說，采祿是陪伴爺爺走過一段旅程的人，把采祿視為家人般歡迎是理所當然的。像這樣，當我們擺脫家庭主義，我們就能放開心胸，用更開放的心態接納他人。

那麼家人究竟是什麼？我們似乎能從采祿常說的臺詞定義家人。在采祿知道德出得了阿茲海默症後，多次表示：「沒關係的，爺爺，只要我記住你就行了。」這個大概就是家人吧。

就像這部劇所傳達的，主角鼓起勇氣，尊重自己，讓周遭的人回想起各自的人生故事。每一個家人，每一個人，都書寫起自己獨有的人生故事，在尊重自己的同時，也關心其他家人的生活。如此一來，原本在社會與韓國人心中根深蒂固的家庭主義就會產生裂痕，當裂痕變得越多，「家庭」成為個人生活障礙物的事情就會越少。

如果你想不起自己的故事與家人的人生故事，就翻出多年前的相簿吧。仔細看記錄了從小到現在的照片，就會想起很多只屬於你的故事。同樣地，也在相簿裡尋找奶奶、爺爺、爸爸、媽媽與兄弟姊妹的模樣吧。在相簿裡會有一個「人」的存在，在我們扮演某個角色之前，我們都是一個「人」，請記住這一點，它將成為你與家庭主義劃清界線，活出自己，同時也尊重他人生活的起點。

05 因為能力而造成的差別待遇是理所當然的

「我怕找工作，所以延畢了，現在無所事事，我知道我該做點事，但是我怕即使我努力也做不到。」承宇一走進諮商所就這麼說，他的嘆息聲如實地反映了他身處的殘酷現實。

承宇正在待業中，他特地推遲了一年畢業就是為了準備就業。承宇的父母是非常勤勞的人，每天凌晨五點起床，運動、讀勵志書籍。承宇的父親雖然出生在一個小村落，但勤學苦讀的他考進了明星大學，大學畢業後立刻進入大型銀行工作，現在已是銀行中階主管。承宇的母親一手帶大承宇和承宇弟弟，直到兩個兒子上了國中才去考研究所，之後又獲得博士學位，目前在大學擔任兼任講師，正在實現自己的夢想。

承宇深信只要像父母一樣努力，什麼事都能辦到。憑藉這樣的信念，承宇一步步地累積經驗。雖然大家都說現在找工作不太容易，但他認為努力的人是例外，問題是在他大四時，因為新冠疫情的關係，他連展現出這段時間努力積累的學歷與課外經歷的機會都沒有。

父母面對這樣的承宇說：「你最近還是睡到八點才起床嗎？就是因為睡這麼晚，浪費時間，所以才找不到工作。」承宇原本打算搬到學校前面的考試院[12]住，專心準備就業，但內心有著不安感，害怕「如果我這麼努力卻還是找不到工作」，讓他變得越來越無精打采。

不僅承宇，最近十年來，我一直都在大學附屬諮商中心替大學生提供諮商服務。雖然來談者的問題形形色色，但奇怪的是，隨著時間流逝，越來越多大學生傾訴被無力感與憂鬱情緒所擾。這些來談者大多認為「我應該努力」，卻什麼都無法開始，而我在這些人的身上看見了「功績主義（Meritocracy）」的陰影。

功績主義支配的社會

功績主義一詞首見於英國政治家暨社會學家麥克・楊（Michael Young）於一九五八年出版的著作《功績制度的崛起》（The Rise of the Meritocracy）。功績主義意指「有能

12 譯註：韓國的租屋形式之一，是專門為備考生準備的租房，其特色是租金低廉，租期彈性，而且不需要付押金。

者只要努力就能成功」的信念，這裡所說的「能力」指的不是身世背景，而是個人的才能與努力。因為不受身分、財力與人種等特定條件的限制，只要努力就能成功，因此此一信念被認為是公平且進步的思想，而後被移植到美國社會，也迅速傳播到深受美國社會影響的韓國社會。

在韓國，功績主義與學歷菁英主義[13]（Academic elitism）結合了。在韓國，功績被視為是努力學習、考上好大學、進入好的職場，在經濟發展期，也著實有許多人靠著寒窗苦讀，魚躍龍門，成了全家的驕傲。當貧窮的村莊裡有人當上檢察官、法官或醫生，還有小時候不起眼的孩子，長大成了國家高層或企業高階主管的事情發生時，人們就會開始相信「只要努力就能成功」的功績主義是公平世界的準則。

當初受惠於功績主義的人，現在已經為人父母，如今他們希望自己的子女能透過能力成功。他們讓孩子從小接受學前教育與課外教育，希望能發掘與培養孩子的能力，然而韓國的能力被階層化，「會讀書」的能力排名最前，至於擅長音樂、美術或體育的能力排名靠後，擅長製作或修理物品能力的排名又更後面。因此，在韓國，如果孩子小時候沒有展現出某種領域的才能時，父母就會努力培養孩子「讀書」才能。

13 譯註：韓國社會菁英迷思下產生的思維，即學歷至上主義。

在這種社會氛圍中，孩子無從得知自己真正的才能是什麼，青少年時期只懂得埋頭讀書，並相信讀書是成功的唯一道路。成績好的孩子不會努力發展自己喜歡的領域，而是相互競爭，想擠進社會認為的「夢幻職業」——社會地位高、薪水高、穩定。到頭來，成績排名決定了職業排名，人們沒能發揮出天生的才能，反而為了登上職業金字塔的頂端而相互競爭。在這過程中，父母的財力與能力又決定了他們能提供子女多少課外教育，最終韓國的功績主義創造出「土湯匙」與「金湯匙[14]」的新階級。

功績主義真的公平嗎？

那麼功績主義真的是公平的嗎？美國社會心理學家多莉．楚弗（Dolly Chugh）在《你想成為的那個人》（The Person You Mean to Be）中，引用作家暨教育學者黛比．艾文（Debby Irving）所說的話：「逆風而跑，因為跑得慢，所以一定要用力往前跑，反之，順風而跑，能獲得的力量更大。順風雖然有重大的作用，但跑者很難感受或容易遺忘自己受到風的幫助。實際上，順風跑能刷新歷史最高紀錄，跑者會因為自己的能

14 譯註：金湯匙指出生在富裕家庭的富二代，與之相對的是土湯匙，指的是出身低收入戶的家庭。

力而趾高氣昂，而且順風的跑者可能不知道有逆風而跑的人。逆風的跑者付出的努力跟順風的跑者付出的努力其實是一樣的，甚至他們會付出更多努力，但卻被認為跑得慢或懶惰。那些因為跑得太累而中途放棄的人，則被認為是自我破壞（Self-sabotage）。」

我們的人生存在順風與逆風，順風能幫助我們通往想走的方向，就像是一種特權。在認為「會讀書就是一種能力」的韓國社會，父母的經濟能力與良好的教育環境就是一種特權，但因為它們是在身後推動我們前進的力量，所以很難被覺察。反之，逆風是妨礙我們發揮才能的障礙物，在不補習就很難靠自己考出好成績、獲得成功的韓國教育制度下，經濟困難、貧乏的福利制度等都成為了逆風。順風與逆風對一個人能否發揮自己的才能具有重大影響力，但功績主義中，是沒有順風與逆風的，那我們為什麼會誤以為功績主義是公正的呢？

美國社會心理學家梅爾文・勒納（Melvin J. Lerner）提出「公平世界理論（Just-World Theory），根據此一理論，人們大都希望相信世界是「公平」的，假使某人身上發生不合理的事，也是因為某人造成的，不代表這個世界本身是不公平的。假如我們認知到這個世界本身就不公平，等於承認我一直活在不公平的世界中，這會引發巨大的心理不適感。人們忽略功績主義帶來的不公平，正是出於這種認知謬誤。再者，每個人的內心深處都渴望獲得他人認可，「只要努力就能被肯定」的功績主義會刺激人類根本欲望之一——肯定需求[15]。無論現實如何，「只要努力讀書，稍微忍耐，努力工作就能獲得認可」，只能算是功績主義迷惑人心的甜蜜耳語。

功績主義如何影響我們的內心

然而，功績主義過度把成敗責任歸屬於個人，完全不考慮社會因素（順風或逆風），導致人們承受著多種心理痛苦。承宇困於功績主義的陰影，他的世界有太多讓他感到痛苦的逆風。韓國青年失業率年年創新高，再加上新冠疫情的影響，這可以說是「颱風等級」的逆風，但始終信奉功績主義的父母卻指責說：「會延畢，一直找不到工作，就是因為你不夠努力。」從小相信功績主義的承宇也把就業問題往自己身上攬，但是當他環顧四周，卻發現努力卻未能成功的人也不在少數。看穿這一點的承宇不禁開始懷疑——努力真的有意義嗎？

這是一種習得性無助（Learned helplessness）。這個理論是美國心理學家馬丁・賽里格曼（Martin E. P. Seligman）所提出，指的是當一個人發現自己無論如何努力都無法擺

15 譯註：馬斯洛的需求層次理論提及人類的五項需求：生理、安全、愛與歸屬、尊嚴與自我實現，在尊嚴需求中，也包括了他人對自己的認可與尊重。

脫痛苦的情形時，會放棄努力，並變得無力的現象。承宇作為大學應屆畢業生，卻發現這個世界與大人教的不一樣，誘使他的「習得性無助」產生——不管多努力都找不到工作，承宇因此變得無精打采，並深深自責。

美國政治哲學家麥可．桑德爾（Michael Sandel）的著作《成功的反思》（The Tyranny of Merit）清楚指出功績主義的問題。他表示功績主義會帶給成功的人驕傲感，也帶給失敗的人羞辱感。在功績主義社會獲得成功的人，相信努力致使自己成功，並把對失敗的人的偏見合理化。相反地，失敗的人相信失敗是因為自己的無能，認為自己活該被指責。

把自己所處處境的責任全數歸咎於個人努力不足，這種心態會導致各種心理痛苦，會讓自己更加不安、無力或自責，也會讓我們無法覺察自己是處於順風或逆風，而這樣的惡性循環，會使得現在經歷的問題一再反覆。

我們要怎麼樣才能擺脫功績主義的陰影呢？只有社會整體對功績主義的弊端達成共識，才有可能消除其陰影，但真要等到那時候，個人所承受的心理痛苦會過於龐大。那麼，有沒有能讓自己與功績主義劃清界線的方法呢？於是承宇與我一起探索如何降低功績主義對自己造成影響的方法。

06 擺脫功績主義的陷阱

在承宇的第一次諮商結束後，我陷入了苦惱。一般來說，當我大致掌握像承宇這樣無精打采的來談者的憂鬱程度之後，我會採用傳統的認知行為療程來幫助來談者檢視自己的情緒，從小處實踐能讓他愉快起來的事，進而斷絕無力感的根源。但不知為何，這種方法卻沒有改善承宇的無力感，即使他擺脫了無力的狀態，努力準備就業，也無法擺脫新冠疫情下的就業難題。我認為，承宇必須理解到自己身處的社會背景，並培養自己的能力。

我在第二次諮商時向承宇介紹了「社會正義諮商」。長久以來，心理諮商忽視了社會對個人心理所造成的影響，而新興的社會正義諮商則針對這一點進行補強。社會正義諮商能幫助來談者理解自己在社會背景下，自己所屬的社會特徵會如何影響生活，並增強來談者的力量。最後，承宇和我達成共識，打算進行社會正義諮商。

理解社會脈絡下的我們

我們先來探究承宇從社會上接收到有關「能力」的訊息。我問承宇，是不是從小就經常聽到關於能力、努力或成功等詞彙，承宇思索片刻，想起掛在高三教室的班訓：「現在多睡一小時，以後等著當外送員。」

我們詳細分析了這條班訓，班訓中隱含韓國慣有的階層化功績主義思維，例如對外送員的貶低、成功取決於自己的努力，認真讀書，出人頭地是唯一有價值的事等等。以前認為這條班訓是理所當然的承宇，在發現這句話竟然隱含著偏見與歧視時，他非常驚訝，接著想起過去其實也曾聽到過類似的話。

每次點炸雞，父母就會說：「點炸雞來吃的顧客與送炸雞給人吃的服務員，這兩者之間的差異，取決於讀書。」小學時，奶奶走過清掃工人身邊，對承宇說：「你要認真讀書，以後不要去做打掃的工作。」透過這些話，萬般皆下品，唯有讀書高的傳統觀念便自然地深植承宇心中。

接下來，我們檢視了承宇生活中的順風與逆風。承宇的父母白手起家，承宇學生時期有豐富的補習經驗，從幼稚園開始上美術、鋼琴等才藝班，小學的英文補習班老師是專業外籍老師；國、高中時，只要成績稍微下滑，父母就會幫他報名好的補習班；每週末一家人外出用餐，每年至少一次家庭國外旅遊。承宇把這些一一寫下來，才發現有很多自己未能覺察的順風因素在幫助著自己。

不過，這些順風也產生了反作用，因為承宇無法思考自己真正想要的是什麼。在「只要讀書什麼都不用管」的訊息與父母大力支持下，承宇一路被推著走，為了擠進康莊大道前的狹隘門檻，承宇不斷地與許多人競爭，這些壓力就變成了讓他感到不安與憂鬱的逆風。此外，韓國青年的高失業率與新冠疫情也是過去世代未曾遇過的逆風。

在前幾次的諮商中，承宇理解了這些從小耳濡目染的社會訊息、順風與逆風，也理解了處於這種社會脈絡下的自己。他說：「以前我不知道這些事，一味地責怪自己『我真沒出息』，有點對不起我自己，也覺得很生氣。比起無力感，一坐下來讀書，會讓我覺得更生氣，反而無法集中注意力。」

善用憤怒

我很高興承宇能感受到自己的憤怒。精神分析學解釋此一現象為，當誘發憤怒情緒的對象過於龐大，或是對象對自己有著重要意義時，人們就會把憤怒轉嫁到自己身上，會自責，甚至變得憂鬱與無力。簡單來說，失去活力與憂鬱時，會對自己生氣，承宇也是如此。他被困於功績主義的陰影下，並意識到不可能消滅它，於是責怪自己沒出息、不夠努力，因此變得無力與憂鬱。這樣子的承宇現在開始感到憤怒，意味著他已經準備好擺脫無力感與憂鬱了。

重要的是，要如何善用憤怒，我建議承宇關注憤怒這個情緒帶給他的訊息。憤怒是當事者有想要的東西卻得不到時會產生的情緒，從根本上消除憤怒的方式就是適當地表達憤怒，並滿足背後隱藏的欲望。

我們探索承宇憤怒背後隱藏的受挫欲望，經過幾次諮商後，承宇整理出自己的欲望：「我希望我的努力能被尊重，還有我希望按照自己的標準生活，而不是活在功績主義之下。」接著，我們開始尋求滿足欲望的方法。

首先，承宇決定尊重自己的內心，每當他想自責的時候，就會告訴自己「錯不在我」，並肯定自己在逆風中付出的辛苦。其次，他決定保護自己，不再因為他人的催促而受傷。他說：「每次我爸媽問我找工作找得怎樣？說沒進大企業或公家機關，以後會養不活自己的時候，我就會很內疚。」為了應對這種情況，我們練習了「非暴力溝通」與「劃清心理界線」。

非暴力溝通是馬歇爾．盧森堡發明的溝通方式，在尊重自己與對方的欲望同時，也明確地表達自己的主張。為了進行非暴力溝通，承宇先觀察自己的內心，並這麼說：「聽見爸媽那樣說，我會覺得自己一直以來的努力不受尊重，所以很生氣。」接著，他想到這句話背後隱藏的是父母的欲望，他認為父母也許是希望自己能有一番成就，所以才催促他。

在承宇明白這兩件事之後，我讓他明確地說出自己的需求：「爸媽你們這麼說，讓我覺得找不到工作都是我的錯，這讓我很難過。我當然知道你們是因為愛我，希望我好才這麼說。但青年就業困難是現今社會普遍現象，除了就業之外，人生還有很多條路可以走。請你們相信我，再給我一點時間，讓我找到屬於我的路。」

大體而言，包含自己與對方欲望的話語是更容易被人所接受的。不過，不是所有人都願意像這樣真摯地對談，倘若遇到不願意接受的情況，我們就應該劃清心理界線。父母希望的人生與我們希望的人生有可能不一樣，父母如果因為過度干涉子女的人生而產生鬱悶情緒，該負責處理這個情緒的是父母，而不是子女，因此課題分離也是很重要的。

認知到自己的不舒服，並靈活運用自身優勢

承宇透過這個過程，順利擺脫無力與自責，也能應對父母單方面的規勸了。只是

承宇的父母仍一而再、再而三地說著帶有功績主義式偏見的話，例如他與父母一起看電視，看見一個人生不順遂的中年人時，爸媽就會說「少小不努力，老大徒傷悲」。承宇說，那種話讓他覺得很不舒服，這也代表承宇對偏見的感受正在增強。

我告訴他，這種不舒服不但能讓他產生改變，更能讓世界變得更好。當人們感到不舒服時，人們就會嘗試消除那種不舒服感，行動與實踐能帶給自己與社會良性變化，如果能在這種變化中善用自己的優勢，就能更有動力。

為了幫助承宇明確地認識自身優勢，我實施了性格優勢測試（Character Strengths Test，簡稱 CST）。測試結果顯示，承宇在六大美德中的「正義（Justice）」有明顯的優勢，尤其在正義之下的性格優勢「公平（Fairness）」拿到了較高的分數。公平指的是重視機會公平性，這樣的承宇活在功績主義的不公平之中，變得無精打采也是無可厚非的。

承宇利用自身優勢，加入與青年失業問題有關的網路社團，加入連署，提供改善意見，對別人的煩惱展現出同理心，並付諸行動。他對就業的想法也變得更廣，雖然他沒有放棄找大企業或公家機關的工作，但他也把能實踐自己正義感的社會性企業或 NGO 機關的工作納入就業選項中。

在六個月的諮商過程裡，雖然承宇並未順利就業，在兩個月後的事後諮商中，他還是在準備就業，不過他已經不再感到無力了。他說，他遇到和他境遇相似的年輕人，覺得不是只有自己面臨工作不好找的問題，在互助的過程中感受到感情紐帶[16]，擺脫了自責。

其實，飽受功績主義折磨的人，不只有像承宇一樣被擋於就業門檻外，就連發揮能力的機會都會被剝奪。「韓式」的功績主義只重視讀書，不認可其他的個人才華，有時也會出現順風而行，然而發揮自己才能的人卻感到痛苦的事。在我的諮商所，有太多優等生考進不適合自己的科系而感到痛苦，也有太多在夢幻企業的中年上班族到諮商所傾吐「我不知道我是誰」的茫然。功績主義到頭來會妨礙我們的生活，比起順應，我們更應該與之劃清界線，保護自己。

韓國社會學家吳燦浩寫了一本與人權相關的青少年書籍《一份烤肥腸也能叫外送的世界，所有人都很幸福嗎？》（곱창 1인분도 배달되는 세상, 모두가 행복할까?），書中提到：「在韓國，大人會對喜歡『星星』的孩子說，努力考上首爾大學，成為國際天文學家吧。但不是只有首爾大學畢業才能當天文學家，喜歡星星就一定要成為天文學家這件事本身也是偏見。喜歡星星可以當拍星星的攝影師，可以當寫宇宙

16編註：又稱為鏈結（Human Bonding），指人與人之間發展出帶有喜歡與信任的親密人際關係。

主題小說的小說家，或是當燈塔看守人。不從事相關職業卻仍一輩子喜愛宇宙，不是一件很珍貴的事嗎？」

我多希望作者的想像變成現實，如果能擺脫功績主義，每個人的夢想都獲得公平的尊重，我們就能活得更像自己，到了那時，無力、憂鬱與自責就無法任意控制我們，我們應該也能更幸福一點。

07 性格沒有所謂的好壞

「我為什麼跟別人合不來？不久前我找了一份打工，工讀生們一起吃了晚飯，大家都很聊得來，只有我覺得格格不入，簡單說了幾句話，但回家之後一直耿耿於懷，擔心自己是不是說錯話，是不是看起來很怪咖。上大學後，常常要跟不同的人打交道，我每次都覺得壓力很大，覺得自己的社交能力很糟，這樣的我，以後真的能找得到工作嗎？請幫我改變個性吧。」

來到諮商所的載民第一次見面就對我這麼說。載民說話時與我四目對視，用溫柔的語氣有條不紊地表達出煩惱，我很難想像他這樣的人會在人前說錯話，但我決定先傾聽他的故事。

載民說自己從小就很安靜，上幼稚園時，比起去公園玩耍，更喜歡自己玩樂高；國、高中的午餐時間，喜歡在教室裡看書或記下各種想法。他說，學生時代考試結束的那一天是最辛苦的，因為班上同學考完期中考或期末考，愛去網咖或遊樂園玩，但載民不喜歡，他更喜歡借漫畫，一個人安靜地休息，那對他來說才是真正的療癒。如果他拒絕朋友的邀約，久而久之會被當成怪咖，所以他還是常常會跟去，問題是他和朋友玩樂之後，會覺得用盡了全身的能量，感到非常疲憊。

載民升上了大學之後，他發現在大學裡，個性爽朗的人更受歡迎，而且比起獨自學習，分組式的課程更看重課堂互動、討論與報告。不僅如此，容易打入人群的人在社團與打工都更受歡迎。載民逐漸覺得自己的個性出了問題，最後來到諮商所，希望我替他「改變個性」。

與其說是個性問題，準確來說，這是內向者的特徵，因此我問他：「你想變成什麼樣子？」他說：「跟第一次見面的人說話也不會尷尬，能大大方方地說出我的意見。就算一個人獨處也不會想東想西，變得敏感。」

原來，他想成為外向的人。

外傾型 VS 內傾型

內向與外向是根據當事者的心理能量流向外部還是內部加以區分的。近來，韓國流行的十六型人格測試源自精神分析學家卡爾．榮格（Carl Jung）。榮格把心理能量流向內在主體的人分為「內傾型（內向）」，心理能量流向外在客體的人分為「外傾型（外向）」。內傾型的人在安靜獨處時會獲得能量，因此喜歡享受獨處時光，朋友不多，但個個都是深交；反之，外傾型的人透過外部活動獲得能量，因此偏好與他人相處，積極表現自己。榮格表示，這只是兩種不同的人格傾向，無好壞之分，並強調按照自己的天性生活，才能幸福。

在我的諮商師生涯中，我時常遇見希望改變天性的來談者，更奇怪的是，那些來談者都是內傾型。內傾型的人就像載民一樣，認為自己的天性不利於社交生活，我反而沒遇過外傾型的來談者說「我的個性出了問題」，甚至比較常聽見：「別人常常說我個性很好」。

內傾型真的是不好的，外傾型真的就是好的嗎？人的天性就像膚色與性別一樣，是天生條件，無關好壞。近年來，以膚色或性別劃分優劣被認為是明顯的歧視行為，但奇怪的是，我們卻對內傾型或外傾型的個性特質區分好壞，認為外向是好的，內向就是不好的。

我認為，個性特質是天生、是無法改變的，用這種條件區分「好」、「壞」是一種偏見與歧視。那麼，為什麼人們會有覺得內傾型是不好的，外傾型是好的的偏見呢？

外傾型迷思

作家蘇珊・坎恩（Susan Cain）的作品《安靜，就是力量》分析了多種內傾型的背景。根據她的分析，隨著世界進入工業社會，大眾逐漸形成內傾型的偏見。在農耕社會時期，人們只跟身邊的少數人進行交流，沒有向陌生人展現或結識的必要，但慢慢進入工業社會時代，人們湧入城市，與陌生人交流、共事，並獲得陌生人的肯定。

在工業社會裡，八面玲瓏、擅於社交、積極行動、善於表現自己的人更容易受到關注，戴爾・卡內基的《卡內基說話之道》（How to Win Friends & Influence People）等心靈勵志類書籍，在這樣的時代潮流中便應運而生。這些書大多把長袖善舞又積極的人，也就是外傾型性格理想化，鼓勵人們成為「像磁鐵一樣有吸引力」、「虜獲人心」、「活力充沛」的人。這種社會氛圍蔓延到校園與職場，在美國許多學校，爽朗、口才好、自我主見強的學生能獲得高分；在企業中，擅於與人共事並高談自己主見的人就會被認為比安靜工作的人能力更強。

蘇珊・坎恩認為，這種社會氛圍導致內傾型被認為是有問題的性格，在韓國社會也有著大同小異的情況。我經常看到孩子從幼稚園開始就被評價為「喜歡一個人玩的孩子不合群」，而這些孩子的父母經常不安地表示：「我的小孩社交能力不足，我很擔心」，這樣的情況到了小學也差不多。在小組活動中無法積極反映意見，因為害羞而不敢發表自己意見的孩子，普遍被評價成被動、消極。當我參觀孩子學校的公開課程時，也常看見父母因為孩子在臺上報告侃侃而談而露出滿意的微笑，反之，看見孩子害羞怯場的父母卻會覺得氣餒。

在國、高中時期，這種評價傾向仍舊不變。遂行評價[17]是學校的重要指標之一，大多時候以小組活動的形式進行，對小組活動不積極或無法發表意見的學生往往分數不高，大學生也是一樣。根據來到諮商所的大學生來談者所說，現在大學生的分組活動比我上大學時期多了許多，在這種情況下，獨自安靜學習的學生沒有發揮能力的機會。在職場的情況也大致如此，比起安靜工作，提供點子、有著華麗又精采簡報能力的人更受肯定。

除了韓國與美國之外，偏愛外傾型性格的人也擴散到歐洲。奧地利社會學家勞拉．威斯伯克（Laura Wiesbock）的著作《更好的社會》（In Besserer Gesellschaft）指出：「奧地利社會偏好外傾型，這使得內傾型的人受到貶抑，這是看待社會不平等的目光所造成的緣故。」

17 譯註：指教師直接觀察學生的課題執行過程與結果，評價方式有口試、技能考試、研究報告等。

我同意這個說法。在偏好外傾型神話的社會，內傾型的人無法獲得尊重，喜愛獨處的內向人從小就得承受「要合群」的壓力。這種訊息會內在化，讓內向人覺得自己「不合群」，最終認為自己的天性是不好的，甚至不尊重自己，載民就是一個例子。

在給予外傾型高度評價的環境下，內向的載民會覺得自己有問題也無可厚非。我對載民傾吐的不舒服和煩惱表示共鳴，但也明確地表示，人的天性是不可能改變的，所以我告訴他應該瞭解形成這種性格的社會背景，並改變自己對內向性格的看法。載民面露訝異，但還是決定和我一起尋找在外傾型神話迷思的社會中，內向人如何幸福生活的方法。

08 內向者的幸福生活方式

為了確認載民不是特殊性格，而是天生傾向，我對他進行了幾項心理檢查。檢查結果顯示，載民並沒有特殊情緒的問題，只是內傾型性格指標與內傾型性格特徵之一的「人際關係敏感度」較高。

載民邊看心理檢查結果邊點頭道：「我真的很喜歡獨處，這是我天生的性格，所以我一個人時更舒服，但性格真的無法改變嗎？」

我告訴他：「性格受到先天與後天環境的影響，後天環境可以改變，但先天的性格傾向很難改變，這就跟身高一樣，我們可以透過營養調理和運動增高，但增高範圍仍受限於基因。就像增高很難跨越遺傳與生物學的限制，性格也是一樣的。我們必須瞭解並接受你先天的性格，再根據情況調整。」

之後，我們正式開始尋找內向人的幸福生活之道。

理解那些充斥在身旁的訊息

我問載民對於內向性格的相關記憶，開始探索載民在成長過程中接收的訊息。他想起小學低年級放學時，朋友經常在社區公園的遊樂場玩耍，但自己不感興趣。當時載民父母認為這是個問題，為了改變載民的個性，替他報名了社交活動。還有，在他國、高中時期，有很多小組遂行評價，載民傾聽完同組組員的意見後，打算整理成報告時，但組員們沒給他說話的機會就交出作業。另外，他和父母一起參加聚會時，會靜靜聽完別人所說的話，但父母卻認為：「我兒子社交能力差。」由上述可知，載民的經歷如實呈現了社會對外傾型的偏好。

其實，很多人誤以為外傾型代表社交能力好，實際上，社交性並非指一個人爽朗、合群，而是指某人理解要和其他人共處的理由，除了考慮自己，也能考慮作為社會成員的安定性。內傾型的人，其實也能充分發揮社交性。載民認真傾聽他人說話，只提出必要意見的態度，彰顯出他考慮社會成員的安定性。但是，合群並不代表社交性高，不過是交際手腕高明的外傾型性格特徵。

我建議載民不要陷入外向型迷思，要誠實面對自己的性格，發現自己在聚會上沉默寡言的原因，與其自責「我不能這樣，得開口說話」，不如接受自己的天性是：「比起站出去說話，我的個性更適合安靜聽人說」。

改變消極的內在語言

為此，我們在諮商所練習轉換語言。每當載民認知到自己的內向時，就把腦中浮現的消極性表達方式換成積極或中立的語言，並與自己對話。

首先，我們決定用「社交」代替被誤解的「社交能力」。在人多的場合感到疲倦、和陌生人在一起找不到話說時，不要責怪自己「我為什麼這麼沒有社交能力」，將這樣的想法改為：「我不是沒有社交能力，而是不擅長社交。每個人都有不同的性格，沒必要人人都八面玲瓏。」

在討論分組作業無法順利表達意見的時候，不要焦急地想著「我應該要說點什麼，要怎麼插進去呢？」而是積極看待：「我現在在傾聽大家的意見，傾聽是很好的特質。」在擔心自己只聽不說的樣子會被認為是很無趣的人時，就要想：「我是積極傾聽，深思熟慮後只說必要的話的人。」

學校社團舉辦新生歡迎會時，載民雖然沒能主動靠近第一次見面的學弟妹，但他仔細傾聽他們說的話，並在必要時適時表達意見，給予幫助。某位新生觀察到載民認真傾聽他人說話的模樣，私下拜託載民與他聊聊，想請教載民一些有關於他的煩惱。

載民說：「我們約好下週單獨碰面，我在一對一的關係中能更專注，更好地與人交流。」

一週後，再次見面的載民說，他認真傾聽了學弟的煩惱，但他說他也有擔心的地方。載民說：「我老是想起我說過的話，想知道是不是真的幫上他的忙，也擔心會不會造成傷害。我是不是太敏感了？」這也是內傾型性格者的特性。

內傾型性格者因為感受能力強，對別人的情緒與反映很敏感，雖然這會讓內傾型性格者感到疲憊，不過也會成為做出有益他人行動的原動力。對此，我要載民用「感受能力強」取代「敏感」。

對他人情況的敏感反映出人際關係中必備的同理心，因此載民決定發揮自己的感受能力，坦率地問學弟：「那天我說的話，有沒有不理解或是讓你不舒服的地方？」學弟感受到載民替自己著想的心，更感激他，載民也成了更優秀的學長。

活用內傾型性格者的優點

載民理解了在韓國社會背景下自己的性格，接受真實的自己，開始認知到內傾型性格的優點。他瞭解到，比起多說，傾聽是更謙虛與深思熟慮的態度；敏銳地觀察他人感受是發揮同理心的必要條件；事事小心謹慎，不草率行動是為了慎重地決定。

載民接受了自己的性格，學會活用內傾型性格的優點，我們的諮商也告一段落。在諮商結束那天，載民整理這段時間諮商的過程說：「剛開始諮商的時候，我以為我是有問題的人。我以為跟人相處很困難、不擅言詞是問題，只要改變我的個性就能變得更有自信也更幸福，但您對我說性格是不能改變的時候，我有點絕望。後來，我明白我為什麼會覺得我的個性奇怪了，從我慢慢接受自己開始，好像就產生了變化。我的個性跟以前一樣，但我對我性格的看法改變了，現在我瞭解到我可以保持原有的個性與人相處。」

在六個月後的事後諮商，載民成了社團的下一任社長。一般人認為，外傾型性格者適合當團體領導者，不過，內傾型性格者絕對也具有領導者的資格。內傾型性格者在面對自己真正關心的事情上，能比任何人都要專注，會挺身而出，發揮能力。

「社員們覺得我慎重的態度很值得信賴，參加社長競選時，雖然我有點緊張，但是我自己很想當社長，所以好好地在大家面前表達了我的競選原因。競選結束後，因為太累了，隔天在家休息一整天，好好的休息之後，我又有了力氣站在人前。」

載民發揮了內傾型性格者的優點，成為領導者，並嘗試學習發揮能力的方法。當內傾型性格者與人們相處，能量消耗殆盡時，能充分利用自己獨處的時間恢復能量，他們絕對也能成為領導者，全心投入自己想做的事情當中。我覺得載民非常優秀，他找到了活用自己性格的方法，並接受真實的自己。

老實說，我的孩子也很內向，他們小時候我也擔心過他們的性格，我就像載民的爸媽一樣，想訓練他們的社交能力，想辦法讓他們打入人群。似乎是孩子小二的時候吧，我在偶然的機會下意識到自己的偏見。那時，全家人都去上班、上學了，我在安靜的早晨打開收音機，邊聽邊洗碗時，聽見某位電臺聽眾的故事。

「我上學的時候為了交朋友花了很大的力氣。我不知道，原來我一個人的時候，會覺得更幸福。如果當時我就知道沒有朋友也沒關係的話，我應該能過得更幸福的。」

這段話，讓我瞬間醒悟了：「沒錯，每個人都不一樣，不需要所有人都擅於交際，我自己是專業諮商師，竟然也有外傾型性格迷思，沒有尊重孩子的內傾型性格。」在那之後，我努力擺脫外傾型性格迷思，孩子也得以展現出內傾型性格的優點，不勉強自己與同學們打成一片，而是自己閱讀、聽音樂，過得更幸福了。

幾年後，新冠疫情爆發。因為我喜歡與人相處，無法出門的隔絕感令我疲憊，產生孤獨、憂鬱、失去活力、消化不良與頭痛的症狀。但孩子和我不同，他說，居家遠距上課一點都不累，因為擁有更多的獨處時間，反而很自在。儘管外傾型性格更容易適應社會的變化，但像新冠疫情這種環境下，內傾型性格更占上風。

就像這樣，我們天生的性格也會隨著社會與文化的發展而有不同的評價，評價標準非常隨意也具有相對性。正因如此，我們要放遠觀察周圍的目光，從大方向展望哪些事情會影響到我現在的心態，哪些東西會妨礙到我的生活。只有理解對自己產生影響的社會訊息，並學會從這些訊息中保護自己，才能尊重自己也尊重他人。

09 對年齡的偏見會反射在自己身上

二〇二〇年春天，新冠病毒肆虐全球，我住在韓國疫情最嚴重的大邱地區，當時熟人都會時不時打來問候。那天，有一位不常見面的朋友打來，不過他的關心讓我倍感窩心。聊天氣氛一直都很溫馨，直到我們談到了醫療團隊犧牲自己，去拯救高齡的新冠確診者，那時朋友立刻這麼回答：「妳真的覺得救活確診老人是很值得驕傲的事嗎？如果去照顧那些人的醫療資源能去照顧其他年輕確診者，就能救回更多年輕人。老人家就算痊癒了，也沒剩多少歲月能活。」這段話讓我的心瞬間冷了下來。

老人的生命沒年輕人生命可貴的論點讓我很不舒服，我很想追問她：「妳老的時候還能說出這種話嗎？那些老人如果是妳的爸媽，妳說得出這種話嗎？」但我不想破壞聊天氣氛，所以忍住了。通話雖然結束了，但我不舒服的心情卻持續了很長一段時間。

幾天後，正好是丈夫生日。生日前夕，丈夫看見鏡子中的白髮，突然說：「今年起，生日那天不要插蠟燭了，我不想算年齡。」我同意了，我們用數字蠟燭取代一般的蠟燭，在蛋糕上插出「二〇二〇」的數字，只強調這是二〇二〇的生日。

不過我突然好奇，我們為什麼無法接受年老的痕跡呢？年齡增長是不可逆的，為什麼人們卻想營造老年不會到來的感覺，繼續生活呢？大家都想活得像年輕人一樣，而不是像老人一樣，這種思維究竟從何而來呢？我在那年春天尋找著這些問題的答案。

在這個過程中，我每天都會看見確診新冠病毒而死亡的案例，再加上感覺到自己在慢慢變老，我發現，我也會對「年邁」這件事情感到不安。我終於明白了，年齡增長意味著離死亡越來越近，對死亡的不安最終導致了人們厭惡年紀增長的「年齡歧視」（Ageism）。

對年老的憎惡：年齡歧視

年齡歧視一詞是一九六〇年代美國醫生羅伯．巴特勒（Robert Butler）最早提出的，巴特勒觀察人們對老年的刻板印象，將其命名為年齡歧視，並定義為：「因為年紀大就把人囿於定型的框架中，加以歧視」。

起初，年齡歧視僅僅意味著對年齡的歧視，但最近擴大到所有以年齡為由，歧視他人的思維與行動。舉例來說，韓國的「No Kid Zone」就是因為業者擔心孩子在店裡不受控制，容易引起騷動，而拒絕孩子進入；人們不分青紅皂白就痛批「最近年輕人都這副德性」等等，這些都僅僅因為年齡而判斷一個人的年齡歧視。其中，年齡歧視最大針對族群仍是老年人，即銀髮族。

我個人認為，決定「忘記年齡生活」與努力延緩老化痕跡都是屬於年齡歧視的行為。像我與丈夫一樣把白髮染黑、去皮膚科接受除皺手術、努力保持肌膚彈性等，都是為了不讓自己意識到自己的真實年齡而努力，這些背後都隱藏著年齡歧視。

在韓國社會裡，年齡歧視的現象也在慢慢擴大，人們把老年人口增加的現象視為與天災相同等級，並稱為「高齡海嘯」（Silver Tsunami），或把生龍活虎度過老年生活的人稱為「了不起的老人家」等，都隱含著對高齡的負面刻板印象。

請回想一下，化妝品與食品業者為了強調產品的優勢，在宣傳時，經常會使用「抗衰老」一詞。要是某家企業使用「反黑人」、「反女性」、「反身障人士」就會被批評「做事不經大腦」，但化妝品與食品等宣傳標語卻毫無顧忌地寫著「抗衰老」，歧視年齡的增長，這些都是整體社會存在年齡歧視的證據。

我們爲什麼會厭惡變老？

我們只要不短命，有朝一日都會變成老人，但究竟為什麼年齡歧視卻被視為理所當然的事情呢？為什麼要想擺脫年齡歧視如此困難？美國哲學家瑪莎・納思邦（Martha C. Nussbaum）與索爾・列夫莫爾（Saul Levmore）合著的《思考變老》（Aging Thoughtfully）中，用關鍵字「厭惡（Disgust）」解釋此一現象。

據納思邦所言，厭惡意指害怕體液、排泄物、氣味、腐爛的模樣和屍體等心態，這與人類試圖抹去動物特性的拒絕心態有關。體液、排泄物、屍體、死亡這些會讓人類聯想到動物屍體，意識到自己也會像其他動物一樣死亡、腐爛。人類自認為是有別於動物的種族，所以會厭惡這些會喚起自己具有動物特性的事物，納思邦將其命名為「原始的厭惡」。

人類努力迴避原始的厭惡，卻反效果地擴大厭惡範圍，把厭惡的範圍擴大到會令自己想起自己具有動物特性的族群上，試圖建立「人類不同於動物」的模糊地帶。人類認為，如果能在「我們」和「動物的惡臭、腐敗」之間定義某種「類似動物」，我們就能區別與動物的不同、拉開與動物的距離，而最接近死亡的老人族群就是「類似動物」，是最適合投射對動物特性厭惡情緒的群體。這種人們誤以為透過對高齡族的厭惡，排斥他們就能掌控人類的動物特性（即總有一天會死、會腐敗的事實），納思邦稱之為「投射式厭惡（Project disgust）」。

但正如前面所說，只要不短命，人人都會變老人。三十歲以後的人生就是每天老化的過程，到了四十歲就會出現明顯的老化徵兆，令人不得不想起我們都是會死去的動物，厭惡年齡增長的心態轉變成自我厭惡，所以我們才會這麼努力地想抹去身上的老化跡象，決定「忘記年齡生活」。到頭來，年齡歧視會造成自我厭惡，我們就不可能尊重自己，活出完整的自我。

與年齡歧視劃清界線

那麼，我們該怎麼做才能與年齡歧視劃清界線呢？首先，我們必須用批判的眼光來看待我們的社會文化背景，換言之，記住我之所以會憎惡變老是來自社會，年齡歧視是工業化社會所創造出來的，而非亙古不變的真理。

回顧過去，傳統社會不是都尊老人為村中的長輩與智者嗎？美國學者瑪格麗特．克魯克香克（Margaret Cruikshank）在《學習老去》（Learning to Be Old）寫到：「批判性思考能力是變老不可或缺的能力，因為只有擁有這項能力，才能正確掌握自己身處的文化背景約束力。因為這樣才能讓我們閉上嘴，意識到問題，並勇於挑戰社會原本視為理所當然的歧視心態，與思考許多問題的假設。」

其次，「尊重多樣性」是最快擺脫憎惡與偏見的最快方法之一，即把老人視為具有不同性格的個體，而非團體。其實，老年年齡層的多樣性比其他年齡層都來得大，「老年」的定義為何，是從何時開始的，眾說紛紜。

老人的退休生活是形形色色的，有些老人開始挑戰或學習新事物，有些老人照顧孫子或享受旅行樂趣，這與年輕人要完成讀書、就業或結婚等人生課題形成鮮明的對比。由此可知，老年期是擺脫人生課題，能自由自在過自己想過的生活的時期。

我身為一名諮商師，非常幸運地能與不同的人接觸，儘管我不是專為高齡者諮商，但我依然會遇見高齡來談者，或者遇見身為長輩的來談者監護人。老人家各有各的個性，但是他們也和年輕人一樣，會訴說日常中所經歷的各種情緒與事件，每當我意識到這件事時，魚尾紋帶給我的不自在感就會減輕一些。

最後，我們要記住，老年期才是作為真實自我生活的時期。精神分析學家榮格相當重視中年後的生活，表示老年才是擺脫人格面具（Persona）的時期。榮格把按照自己的角色生活稱為戴上人格面具，年輕人戴上各種人格面具，盡到家庭、職場與隸屬團體扮演角色的作用。到了中年之後，人們會強烈地想展現人格面具後的真實自我，最具代表性的就是隱藏在男性潛意識中女性的一面「阿尼瑪（Anima）」，以及隱藏在女性潛意識中的男性的一面「阿尼姆斯（Animus）」——中年男性會變得越來越依賴他人，女性則變得越來越獨立，這些現象就是表現出潛意識的另一面所致。

老年期也是擺脫家庭與社會要求，實現尋找真實自我欲望的時期。人至老年，可以從職場退休，從傳統的性別角色與父母身分解放，能夠做自己。老年期才是能成為夢寐以求的自己的時期，如果因為年齡歧視而自我厭惡老年期，不是太冤枉了嗎？

我希望在每個人的努力下，能消除社會上的年齡歧視。如果大家都將老人視為擁有多樣性的完整個體，就能更容易地與年齡歧視劃清界線。如此一來，不會再有人因為生日蛋糕上的蠟燭數量而感到不安，能更放心地老去。

不幸的是，社會結構的變化總是緩慢的，在這個隨便一轉身就能看見「抗衰老」、厭惡變老的世界，我也沒自信能澈底與年齡歧視劃清界線。每當那種時候，我都會努力記住七十四歲獲得奧斯卡最佳女配角獎的韓國演員尹汝貞在記者會上說的話：「我在六十歲以前會挑成果較好的作品，但到了六十歲以後，我和自己說好了。我看人，人好就我就接。人生能過得隨心所欲的話，不就是一種奢侈嗎？」

不覺得很怪嗎？人類數千年來渴望長命百歲，但我們卻被討厭變老的年齡歧視所控制，還有比這個更荒謬的情況嗎？我下定決心，當能摘下人格面具，隨心所欲生活的老年期到來時，我會盡情享受那份自由，希望自己能以完整的自我替人生完美落幕。

10 為了無法恢復的人生

我們到目前為止，分析了社會上被視為理所當然的普遍心態與刻板印象是如何影響到個人心理的。不管是哪一國家，人們都很難從社會根深蒂固的偏見中保護自己，不過相比之下，韓國似乎更困難。除了很難意識到偏見之外，也很難提出異議，這是因為韓國社會仍保留著「別人和我是一樣的」的陳舊思維，「尊重每個人的不同」的思維很難全面發展。

從日常生活中就能發現，韓國社會有多麼強調「大家都是一樣的」。在本章開頭，我提到鬱陵島旅遊確診事件，在回程路上，人們把確診患者視為一個群體，苛責確診者的想法讓我很難受，但這不是最難受的，最難受的是客艙中電視機所傳出的聲音。

在往返於浦項與鬱陵島的船上，從船出發到抵達港口，乘客視線所及之處都放了電視，多臺電視同時間調高音量，播放相同的電視節目。當時播放的是高人氣綜藝節目《玩什麼好呢？》（놀면 뭐하니），那一集是韓國歌手嚴正化與李孝利篇。

三個半小時的航程中不斷播放著相同的節目，這個過程中，我因為暈船不適，胃也隨之翻滾。客艙負責人可能以為放大家都愛看的高人氣節目能打發無趣的乘船時間，但嚴重暈船的我吃了暈船藥，卻因為電視聲音格外刺耳，既無法睡也無法好好地安靜休息，下船時頭隱隱作痛。

我周遭的乘客大概跟我有一樣的想法吧，身旁的小孩哭鬧著說「媽媽，好吵」；有幾個人戴著耳機勉強閉上眼睛，卻沒人對客艙負責人說「請把電視音量轉小聲一點」，這麼多人都沒提出異議，我也沒敢提起勇氣開口，只能承受著不適。

不僅是鬱陵島旅行，韓國很多餐廳都會開著電視，大多數的情況下，客人是沒有權力選擇頻道的，大家都看著同一個電視節目吃飯。其實，這會干擾客人之間對話的注意力，也會打擾想安靜吃飯的客人，但大多數韓國人沉默地接受店家的好意，不表達自己的不舒服。我去其他國家旅遊時，除了世界盃等特殊活動之外，我沒遇過會開電視干擾客人聊天的餐廳。

高人氣節目肯定人人愛看，不會有人不想看。但是把全部電視都轉到同樣頻道，這種在韓國理所當然的文化，便很好地解釋了「別人和我是一樣的」想法已經深入了韓國人日常。「別人和我是一樣的」這種思考方式，會對個人心理造成什麼樣的影響呢？

我之前提過不以「別人與我不同」的前提去思考，會造成社會歧視與「看不見」

的邊緣人，但影響不僅於此。韓國社會強迫大家都要「一樣」，阻止了大家的「不一樣」，讓我們都活在「掩飾（Covering）」下。

勸告掩飾的社會

「掩飾」是日裔美國人暨性少數者吉野賢治教授在借用《污名》（Stigma）一書中提到的概念。吉野教授把個人接受自己的獨特，從而被社會接受的過程分成三種階段，並進行說明：第一階段是「矯治（Conversion）」。在這個階段，自己無法接受自己，比方說，即使我意識到我是性少數者，我也會否認。第二階段是「蒙混過關（Passing）」，是接受自己的身分，但選擇隱瞞。舉例來說，我知道我是同性戀者，但沒告訴周圍的人或正式公開。最後的第三階段是「掩飾」，進入第三階段的人能接受自己的獨特身分，也能告訴他人，但不會在公共場合公開。

在第三階段的人不會露出痕跡，會像主流群體一樣行動，代表案例就是異性戀者在公共場合能自然地進行肢體接觸，但同性戀情侶會因為不願意暴露兩人的關係而進行掩飾。換言之，他們隱藏自己的身分認同感，做出與主流相似的行為。

吉野教授在著作《掩飾》（Covering）中表示，不僅是性少數者，有很多社會團體被要求掩飾：「所有的民權團體都受過掩飾的傷害。非裔美國人被告知不要穿得像美國白人一樣，也不要在背後使用俚語；亞裔美國人被告知不要表現出亞洲人的文化特徵；女性被告知職場上要像男性一樣行動，隱藏對育兒的責任感；猶太人被告知不要像個猶太人；九一一事件後，回教徒被特別告知不要戴面紗，不要使用阿拉伯語。」

我認為本章中所提到的各種韓國社會傳統觀念與偏見，也在強迫我們「掩飾」。父權文化告知男性不能暴露出自己柔軟的特性，告知女性在職場不要暴露母親身分，在家庭裡要隱藏自主與獨立的面貌，也就是說，女性要進行雙重掩飾；韓國的家庭主義不允許家庭成員表露出不符合家庭要求的夢想與個性；外傾型性格迷思要求內傾型性格者掩飾內向的個性，變得外向；統一標準的功績主義不但妨礙學習，也妨礙擁有多項能力的人瞭解自己的才能（不僅掩飾，還會要求他們矯治或蒙混過關，也就是說，就算我有運動方面的才華，社會會讓我覺得『我應該好好讀書』，或是否定擅長運動的自我）；年齡歧視使我們借助各種醫學力量，掩飾我們身上自然老化的痕跡。

尊重真實面貌的社會

韓國社會根深蒂固的偏見強迫人們掩飾，不允許露出個人的獨特性——即休想做自己。根據客體關係學者唐納德．溫尼科特的主張，人可以分成「真我」與「假我」。他認為真我是能帶給人「真實的我」的感覺，作為真我而活時，才會覺得活出自我；相反地，假我是為了適應社會而發展出來的自我，是與真我截然不同的自我。假我會讓人覺得自己不是活著的，會帶來虛無與空虛感。

溫尼科特並沒有認為假我是不好的，而是認為為了在不同的社會環境下保護真我，必要時需要發展出假我。不過，假我的作用僅止於觀察什麼樣的環境能暴露出真我、保護真我，在確定了社會環境足夠安全後，展示真我才不致於失去自己真實的面貌。但如果社會沒提供安全的環境呢？如果我們活在不尊重顯露出真我，還會給予「異樣」眼光的社會裡，不管是誰都無法顯露真我，會努力掩飾，最終變成假我。當這種情形長時間維持，我們會忘記自己是誰，承受慢性空虛、憂鬱與不安等各種心理痛苦的折磨。

韓國社會是為了讓假我保護真我，還是告知人們一輩子掩飾，作為假我而活的社會呢？我相信，假如前面提過的各種偏見與統一標準的強迫要求不消失，韓國社會將成為要人們以假我生活的社會。

想用健康心理生活的人，就應該活在個人多樣性能被尊重、不需掩飾、能展現真我的社會。既然如此，我們該怎麼做，才能建設一個不需掩飾的社會呢？那就是記住

「不受歧視的權利」與「不對歧視坐視不理的義務」。

我第一次聽見這兩句話，是在加拿大的溫哥華。當時我的孩子正在加拿大公立小學上課，四年級的社會課程第一課學到的就是加拿大市民的四大權利與四大義務。令人印象深刻的是，「不受歧視的權利」是四大權利之一，「不對歧視坐視不理」是四大義務之一，也就是說，個人有不被歧視，表達出自我認同感的權利，如果看見有人被歧視或自己被歧視時，有抗爭的義務。

我認為，為了讓「真我」能獲得尊重，我們都應該身體力行這兩件事。我們都要記住，自己是擁有不被歧視權利的珍貴之人，有著用行動對抗不正當待遇的義務。唯有如此，這本書一直說的保持心理距離才能發揮效果。批判性思考與抵抗是我們必要之舉，我們要解讀社會文化，瞭解哪些偏見和普遍觀念影響了自己，發揮與之劃清界線的勇氣。

讓我們再回到往返鬱陵島與浦項的船上吧。如果那天有人提出「電視聲音太大」的意見，客艙負責人會怎麼處理呢？也許電視音量會被調小，想閉目養神的乘客、想閱讀的乘客、想聽其他音樂的乘客都能更舒服地坐船。如果再進一步考慮到大家不同的需求，提供連結電視的裝置，想看電視的人就自己接上自己的耳機或是船上提供耳機，如此一來，不管是想看電視或是想自己找方式打發航程的乘客，都能有多樣性的尊重。

現在的韓國社會，如果不習慣公共場合音量開得很大聲的電視或其他類似情況，就會變成怪咖。如果有人鼓起勇氣說這不太好，就會被指責「大家都能忍，只有你這麼敏感」，但我們現在需要的就是這種敏感。

我們應該用敏銳的感受，應對、阻止我們流露真我與個人固有個性的普遍觀念和偏見，並且與之劃清界線，齊心協力發聲。到了那時候，我們就不需再掩飾，能更真實地做自己。我相信，隨著作為真我而活的人越來越多，社會也將成為漆上個人多采多姿色彩的美麗之地。

結語

必須劃清界線才能相連

在我寫這本書的時候，我想起了一段塵封許久的回憶，是我大學參加身障人士人權團體活動發生的事。

當時的我，覺得自己是個善良的人，學業上力求完美，參與社團事務也比任何人更積極，尤其是參加公益服務性質的社團活動時，我覺得自己表現得正面又善意，所以我每個星期天都會去身障人士職業培訓院和身障人士一起度過週日的時光。在社團人際關係方面，我同樣不遺餘力，總是以社員們的意見為優先，如果有人說不能去參加公益服務的話，我就會代替他們參加。

某天，有位學姊突然對我說：「奏沇，這個世界不是以妳為中心在轉的。」當時學姊的那句話帶給我很大的衝擊，二十多年後的我突然想起這句話，一直很好奇她那麼說的理由。

直到現在，我終於明白了那句話的意思。

比起做自己想做的事，我更把我的形象擺在中心——先觀察社員們的反應，把身障人士職業培訓院的人放在第一位，打造出我是個重要且能做好一切的人，社團的事能否順利推進，身障人士職業培訓院的人會不會感到幸福快樂，似乎都是由我來決定的。那位學姊看穿了我想當個好人，其實是想被人當成重要的人的自私行為。

對自己好的時候，就能實踐眞正的利他主義

婚後，我的自我中心更嚴重了。當時的我渴望成為家人心中特別重要的人，努力地想扮演好妻子與母親角色，成天忙著準備丈夫的飯菜、衣服，管理日程，照顧孩子。偶爾外出的時候，我會希望他們能留意到我的重要性，這些都是自私的表現。

婚後有一段時間，我對自己在家裡擁有舉足輕重的地位感到非常得意，但是這樣的生活卻讓我漸漸地喘不過氣，好像沒人懂我想要什麼，讓我總是感到遺憾與悲傷，原本想成為賢妻良母的我在家裡變成了只會發脾氣的人，夫妻吵架頻率也變高了。

直到那時我才明白，無視自己的欲望，一心想成為他人認為的好人，最終會演變成變本加厲的自我中心，這對我、對別人來說都是不好的。

在那之後，我開始一點一點地表露真實的自己，除了做家人愛吃的菜，我也會做自己想吃的菜；請丈夫分擔家務和育兒，讓我有時間能看我想看的書、做我想做的工作。因為我的家人尊重我想法，我能理解並滿足了我的欲望，家庭氣氛也慢慢變得平和——**當我成為對自己好的好人時，同時也成為對家人好的好人**。

長久以來，我們都被教育「先想到自己是自私的、是不好的」，但根據我以往的經驗，只有讓自己幸福，才能帶來利他主義的最佳結果。寬待自己能帶來對他人的寬

待；負責自己幸福的人不會把情緒轉嫁到他人身上；對世界的偏見發起挑戰，嘗試活出真正自我，都能讓這個世界變得更美好。

劃線的時候，也會自然連線

我一直強調劃清界線、保持距離是守護自我幸福的方法。在一開始，我先提到了與內心的事物劃清界線，諸如過去的傷痛、強迫性思維與習慣、自己造就的刻板觀念等等，觀察了如何在人際關係中保持適當距離，保護自己的方法，也提到了和影響我們思維的社會價值觀與偏見保持距離，活出真正自我的方法。

為了讓大家容易理解，我才把這三種方法分開說明，實際上，這三者是密不可分的。在創造擺脫偏見的條件時，我們就能在人際關係上與他人劃清界線，更理解自己，反之，我們也可以透過改變自己或與他人的關係，扭轉社會普遍概念。

所以說，這三種方法，從哪一種開始都是可以的。打破「自私是不好的」的偏見，邁出自我保護的第一步，這三個領域的變化將同時發聲，最終你會領悟到保護自己就是尊重他人的利他主義。

當我們想連結不同的事物時，我們會畫出一條連線，如果不畫線，就無法將散落的點連結起來。同理，只有在我們自己學會守護自己的幸福，成為「對自己好的人」的時候，人與人之間才會互相連結。善於保護自己的人在需要幫助或給予他人幫助時，才能發揮出真正的利他性；能尊重自己的人不需要成為對他人來說很重要的人，因為能擺脫自私的人會用更純粹的意圖去幫助他人。

在寫這本書的時候，我畫了不少界線，例如我在寫作的時間告訴家人「不要打擾我」，然後鎖上房門，也告訴朋友等我寫完稿子再碰面。多虧了這些遵守界線、願意等待我的人的幫助，這本書才得以順利完成。

我要向一直守護著我，支持我人生最好的朋友，也就是我的先生，還有努力創造自我界線的兒子，以及寫作時總是陪在我身邊守護著我，沒有干擾我的小狗恩恩表達謝意與愛意。

最重要的是，如果沒有那些與我分享自己的心情，同意我把他們的故事作為寫書題材的來談者，這本書就不可能誕生。在與他們諮商的過程中，我也成長了，而在整理這本書的過程中，我又學到不少新東西。

最後，我要對帶領我走向心理學世界的韓國加圖立大學心理學系教授李熙經與研究所同學、學長姊們獻上深深謝意。在我與你們一起學習與訓練的過程中，你們都在關鍵時刻成為了幫助、保護我的助力，多虧了你們，我才能在專業諮商師的路上繼續走下去。

就像這些我所感謝的人一樣，我們在互相保護的同時也互相產生連結，所以，該劃清界線的時候，請大家不要猶豫，只有在畫下界線的時候，人與人才能真正連結，當我們和對自己好的人連結在一起時，我們一起生活的世界才能變得更美好。

高寶書版集團
gobooks.com.tw

新視野 New Window 259
重設界線：善待自己，畫下恰到好處的界線，從此人生不再忍耐與疲累
이 선 넘지 말아 줄래요？나를 지키는 거리두기의 심리학

作　　者　宋奏沇（송주연／Song Joo yeon）
譯　　者　黃莞婷
責任編輯　高如玫
校　　對　林子鈺
封面設計　林政嘉
內頁排版　賴姵均
企　　劃　鍾惠鈞

發 行 人　朱凱蕾
出　　版　英屬維京群島商高寶國際有限公司台灣分公司
　　　　　Global Group Holdings, Ltd.
地　　址　台北市內湖區洲子街 88 號 3 樓
網　　址　gobooks.com.tw
電　　話　(02) 27992788
電　　郵　readers@gobooks.com.tw（讀者服務部）
傳　　真　出版部　(02) 27990909　行銷部 (02) 27993088
郵政劃撥　19394552
戶　　名　英屬維京群島商高寶國際有限公司台灣分公司
發　　行　英屬維京群島商高寶國際有限公司台灣分公司
初版日期　2023 年 04 月

國家圖書館出版品預行編目（CIP）資料

重設界線：善待自己，畫下恰到好處的界線，從此人生不再忍耐與疲累 / 宋奏沇著；黃莞婷譯 . -- 初版 . -- 臺北市：英屬維京群島商高寶國際有限公司臺灣分公司 , 2023.03
面；　公分 . -- (新視野 259)

譯自：이 선 넘지 말아 줄래요? 나를 지키는 거리두기의 심리학

ISBN 978-986-506-658-1(平裝)

1.CST: 應用心理學　2.CST: 人際關係

177　　112000840